westermann

P.A.U.L. D.

DIFFERENZIERENDE AUSGABE

8

Erarbeitet von:

Yasemin Demir

Simone Günther

André Heinemann

Dr. Tanja Heinemann

Dr. Sarah Sander

Martin Weber

Inhalt

Was liest du? – Über Bücher sprechen und über das Lesen nachdenken

1 Warum lesen die Personen auf den Bildern? **Ordne** den Bildern passende Gründe **zu**.

( ) Lesen braucht man, um Anleitungen und Rezepte zu verstehen.

( ) Lesen ist entspannend.

( ) Lesen gehört zum Lernen.

2 In welchen Situationen liest du? **Kreuze an.**

☐ in der Schule   ☐ nur wenn ich muss
☐ abends im Bett   ☐ wenn ich ein Buch geschenkt bekomme
☐ in den Ferien   ☐ wenn ich Langeweile habe

3 Hast du ein Lieblingsbuch? **Schreibe** den Titel auf die Linie.

_____

In diesem Kapitel lernst du

- über Leseerfahrungen nachzudenken,
- welche Möglichkeiten es gibt, sich über Bücher zu informieren,
- Buch-Blogs, Buch-Vlogs und Bücher-Podcasts kennen und
- eine Buchvorstellung vorzubereiten.

Das lernst du in diesem Kapitel

Mein erstes Buch ... – über die eigenen Erfahrungen mit dem Lesen nachdenken

  1 **Lies** den Text oder hör ihn dir an.

Digital+
Audio
WES-127536-001

Peter Bichsel
Das Lesen

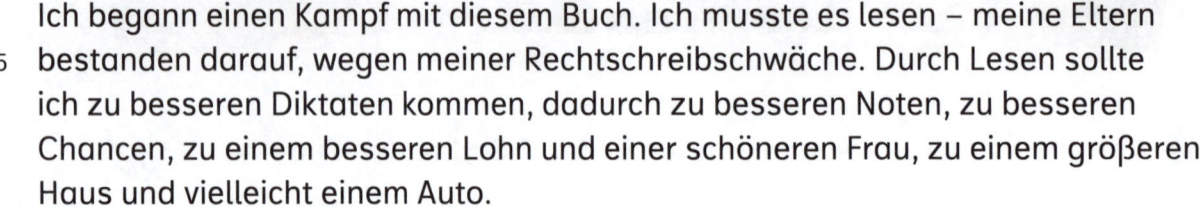

Mein erstes Buch war Zwangslektüre, eine echte Qual.
Ein Weihnachtsgeschenk, ich war neun. Es war ein richtiges Buch,
dick und ohne Bilder.
Ich begann einen Kampf mit diesem Buch. Ich musste es lesen – meine Eltern
5 bestanden darauf, wegen meiner Rechtschreibschwäche. Durch Lesen sollte
ich zu besseren Diktaten kommen, dadurch zu besseren Noten, zu besseren
Chancen, zu einem besseren Lohn und einer schöneren Frau, zu einem größeren
Haus und vielleicht einem Auto.
Das Buch war grauenhaft langweilig. Ich hatte zwei Lesezeichen darin: Das erste
10 zeigte an, wie weit ich schon war. Das zweite zeigte mein selbst gestecktes Ziel:
Bis da will ich heute durchhalten. Ich hielt nie durch und erreichte mein Tagesziel
nicht. Immerhin war ich stolz darauf, dass mich die Tante für erwachsen genug
hielt, ein Leser zu sein. Immerhin war ich einer mit einem Buch und fühlte mich
allen ohne Buch überlegen.
15 Ein Jahr später, am 23. Dezember, las ich die letzten zwei Seiten. Ich hatte ein
ganzes Buch gelesen. Ich war stolz darauf und beschloss, ein Leser zu bleiben.
Einer, der richtige Bücher von der ersten bis zur letzten Seite liest.   (verändert)

2 Peter Bichsel schreibt, sein erstes Buch war eine „Zwangslektüre" (Zeile 1). Was ist damit gemeint? **Kreuze an.**

☐ Er hat das Buch gekauft, jetzt interessiert es ihn aber nicht mehr.
☐ Er muss das langweilige Buch lesen, weil seine Eltern das wollen.

3 Warum wollte er das Buch zu Ende lesen? **Ergänze** den Satz.

Er fühlte sich allen ohne Buch _____.

 4 Wie war es, als du dein erstes Buch gelesen hast? **Beantworte** die folgenden Fragen in deinem Heft.

a) Wie hieß das erste Buch, das du ganz alleine gelesen hast?
b) Wie bist du an dieses Buch gekommen?
c) Warum hast du dieses Buch gelesen?

Was könnte ich lesen? – Sich über Bücher informieren

1 Auf den Bildern siehst du drei Möglichkeiten, wie man Informationen über Bücher bekommen kann. **Schau** dir die Bilder **an**.

2 **Ordne** den Bildern Begriffe **zu**. Trage A, B oder C ein.

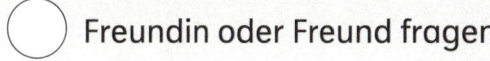

◯ Buchhandlung   ◯ Internet   ◯ Freundin oder Freund fragen

3 Wie informierst du dich über ein neues Buch? **Kreuze an.**

☐ Ich frage eine andere Person, ob sie das Buch kennt.
☐ Ich suche im Internet nach Informationen über das Buch.
☐ Ich erkundige mich in einer Buchhandlung nach dem Buch.

4 Unter anderem kann man sich im Internet über Bücher informieren. **Lies** den Text über die verschiedenen Möglichkeiten.

In **Buch-Blogs** schreiben Blogger über Bücher, die sie gelesen haben. Oft sind die Texte sehr persönlich. Über die Kommentare entsteht ein Austausch über die Bücher mit anderen Leserinnen und Lesern.
Buch-Vlogs sind Videos, die in sozialen Medien geteilt werden.
5   Auch dabei geht es um die Bücher, die der Vlogger liest, und seine Erfahrungen damit.
Ein **Bücher-Podcast** ist eine Hörsendung über Bücher.

5 **Suche** im Internet nach einem Buch-Blog, Buch-Vlog oder Bücher-Podcast. Nutze als Suchwort einen dieser Begriffe.

„Fünf Sterne für dieses Buch!" – Einen Buch-Blog untersuchen

1 **Lies** den Blog-Beitrag einer Schülerin aus der 8. Klasse.

Das habe ich gerade gelesen:
Elefanten sieht man nicht
Autorin: Susan Kreller
erschienen: 2012
Seiten: 208
Alter: ab 13 Jahren

Die 13-jährige Mascha verbringt die Sommerferien bei ihren
Großeltern. Ihre Mutter ist tot, sie lebt allein mit ihrem Vater. Sie
trifft die Geschwister Max (7) und Julia (9). Andere Kinder ärgern
Max und Julia hat blaue Flecken am Körper. Mascha vermutet, dass Julia zu Hause
5   geschlagen wird. Sie versucht, mit Erwachsenen darüber zu reden. Aber niemand
hört ihr richtig zu. Mascha nimmt die Sache selbst in die Hand. Sie sperrt die Kinder
in eine Hütte. Es beginnt eine Suchaktion. Max und Julia werden gefunden. Alle
denken, dass Mascha eine Entführerin ist. Dabei wollte sie doch etwas Gutes tun.
Das Buch wirft spannende Fragen auf. Wie wichtig ist es hinzusehen, wenn Kinder
10   zu Hause Gewalt erleben? Muss man etwas Falsches tun, um am Ende das Richtige
zu bewirken? Mir hat auch gefallen, dass man sich so gut in Maschas Situation
hineinversetzen kann. Spannend wird die Geschichte auch dadurch, dass viele
Dinge erst nach und nach herauskommen. Ob am Ende alles gut wird? Lest das
Buch doch am besten selbst!
15   Von mir bekommt das Buch ganz klar fünf Sterne. Ich kann es nur jedem empfehlen!
Es ist spannend und für Jugendliche ab 13 Jahren sehr gut geeignet.

2 Um was geht es in dem Buch? **Kreuze an.**

☐ um Kinder, die einen Elefanten retten wollen
☐ um Mascha, die zwei Kinder retten will und sie dazu entführt

3 **Unterstreiche** im Text zwei Gründe, warum die Schülerin das
Buch empfiehlt.

4 Würdest du das Buch „Elefanten sieht man nicht" gerne lesen?
Schreibe einen Satz in dein Heft und begründe deine Antwort.

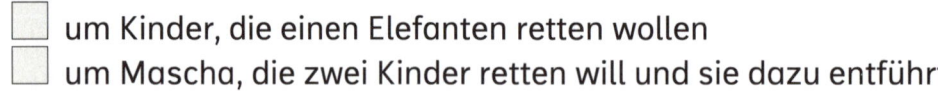

Ich würde das Buch gerne/nicht gerne lesen, weil …

Jetzt bist du dran! – Ein Jugendbuch lesen und vorstellen

1 **Lies** die Schritte zur Vorbereitung einer Buchvorstellung.

1. Wähle ein Buch, das wirklich zu dir passt und dich interessiert.

- Suche mithilfe von Bücher-Blogs, Vlogs oder Podcasts nach Büchern, die dich interessieren.
- Du kannst dir auch von anderen Personen Lesetipps geben lassen. Oder lass dich in einer Buchhandlung oder Bücherei beraten.
- Auf dem Arbeitsblatt findest du eine Liste von Büchern, die auch für noch nicht so erfahrene Leserinnen und Leser geeignet sind.

Digital+
Arbeitsblatt
WES-127536-002

2. Lies das Buch.

- Plane täglich eine bestimmte Zeit oder Anzahl von Seiten zum Lesen ein.
- Mache dir während des Lesens Notizen zum Inhalt.
- Notiere auch deine Gefühle und Gedanken.

3. Bereite deine Buchvorstellung vor.

- Notiere wichtige Angaben zu deinem Buch:

  - Autorin/Autor
  - Titel
  - Verlag
  - Seitenzahl

- Stelle wichtige Informationen zum Inhalt des Buches zusammen:

  - Worum geht es?
  - Wann und wo spielt die Handlung?
  - Welche Figuren kommen vor?
  - Was passiert?

- Notiere in Stichworten, welche Gefühle und Gedanken du beim Lesen hattest und warum man das Buch deiner Meinung nach lesen sollte.

Digital+
Arbeitsblatt
WES-127536-003

2 **Schreibe** einen Blog-Beitrag oder berichte jemandem über das Buch.
Nutze das Arbeitsblatt WES-127536-003, um deine Buchvorstellung vorzubereiten.

Schule der Zukunft – sachlich und überzeugend argumentieren

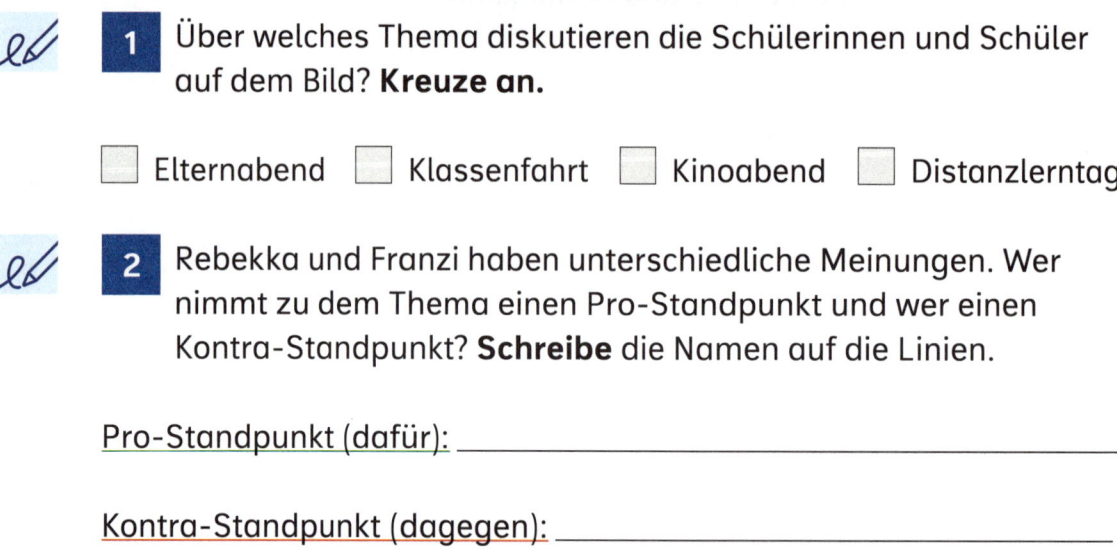

Rebekka: Der Distanzlerntag gefällt mir. Die Ruhe zu Hause zum Lernen finde gut.

Franzi: Einen Distanzlerntag finde ich schwierig. Das Internet kann ausfallen, dann ist kein digitaler Unterricht möglich.

1 Über welches Thema diskutieren die Schülerinnen und Schüler auf dem Bild? **Kreuze an.**

☐ Elternabend ☐ Klassenfahrt ☐ Kinoabend ☐ Distanzlerntag

2 Rebekka und Franzi haben unterschiedliche Meinungen. Wer nimmt zu dem Thema einen Pro-Standpunkt und wer einen Kontra-Standpunkt? **Schreibe** die Namen auf die Linien.

Pro-Standpunkt (dafür): _____

Kontra-Standpunkt (dagegen): _____

3 Rebekka und Franzi begründen ihre Meinungen. **Unterstreiche** die Begründungen in den Sprechblasen.

Das lernst du in diesem Kapitel

In diesem Kapitel lernst du
- deine Meinung zu einem Thema zu vertreten und zu begründen,
- Pro- und Kontra-Argumente zu erkennen,
- Argumente mit Begründungen, Beispielen und Belegen auszubauen und
- einen argumentativen Brief zu planen und zu schreiben.

Distanzunterricht: ja oder nein? – Pro- und Kontra-Argumente gegenüberstellen

An der Schule der Klasse 8a findet eine Projektwoche statt. Das Thema ist „Wie soll unsere Schule in Zukunft sein?". Die Klasse 8a diskutiert darüber, ob es einmal in der Woche einen Distanzlerntag geben soll.

1 **Lies** den Text über den Distanzlerntag.

Regina Köhler
Ein Distanzlerntag pro Woche – wie können Schulen das umsetzen?
Es ist wichtig, dass Kinder und Jugendliche den Umgang mit digitalen Medien auch in der Schule lernen. An manchen Schulen gibt es daher einen digitalen Schultag. Eine Schule macht das so: Vier Tage lernen die Schülerinnen und Schüler gemeinsam in der Schule, einen Tag
5 lernen sie zu Hause. Das ist der Distanzlerntag. An diesem Tag haben die Schülerinnen und Schüler von 7:30 Uhr bis 13:10 Uhr Unterricht. Der Unterricht dauert sechs Stunden. Die Aufgaben für die einzelnen Fächer werden nach dem Stundenplan freigeschaltet. Diese Aufgaben bearbeiten die Schülerinnen und Schüler zu Hause mit Tablets oder
10 am Computer. Die Schule nutzt dafür eine Lernplattform, die auch gemeinsame Videobesprechungen möglich macht. Über einen Chat klären die Schülerinnen und Schüler Fragen mit der Lehrkraft. Alle Aufgaben sind bis 18 Uhr freigeschaltet. Die Schülerinnen und Schüler entscheiden selbst, wann sie welche Aufgaben machen. Sie überprüfen
15 ihre Ergebnisse selbst oder schicken sie an die Lehrkraft. Weitere Fragen werden in den nächsten Tagen in der Schule besprochen.

(verändert)

2 Welche Aussagen zum Text treffen zu? **Kreuze an.**

	richtig	falsch
An einem Distanzlerntag lernen die Schülerinnen und Schüler zu Hause.	☐	☐
Der Distanzunterricht dauert fünf Stunden.	☐	☐
Die Aufgaben werden nach dem Stundenplan freigeschaltet.	☐	☐
Die Schülerinnen und Schüler arbeiten zu Hause mit Handys oder am Computer.	☐	☐
Fragen werden mit der Lehrkraft mündlich geklärt.	☐	☐

3 **Verbessere** die falschen Aussagen in deinem Heft.

 4 Die Schülerinnen und Schüler der Klasse 8a diskutieren darüber, ob an ihrer Schule ein Distanzlerntag eingeführt werden soll. **Lies** die Diskussion.

Yannik: Der Distanzlerntag gefällt mir. Ich finde es gut, dass man bis 18 Uhr Zeit für die Aufgaben hat. Das ist viel mehr als an einem normalen Schultag. So kann

5 jeder im eigenen Lerntempo arbeiten!

Rebekka: Es ist aber schwierig, sich den Lerntag selbst einzuteilen. Manchmal weiß ich gar nicht, welche Aufgabe ich zuerst bearbeiten soll.

Moritz: Wissenschaftler sagen, dass einige Kinder und Jugendliche

10 erst ab 9 Uhr richtig lernen können. Erst dann sind sie richtig wach. An einem Distanzlerntag kann man sich morgens mehr Zeit zum Aufstehen lassen, weil die Aufgaben erst um 18 Uhr fertig sein müssen.

Sevim: Digitale Mathestunden zu Hause kann ich mir nicht vorstellen.

15 Wenn alle Fragen haben, können die nicht mal eben im Chat beantwortet werden. Das ist zu umständlich und hilft keinem.

Kubilay: Ein Distanzlerntag ist wichtig, um die Schülerinnen und Schüler auf die digitale Welt vorzubereiten. In vielen Berufen muss man später digital und selbstständig arbeiten.

20 **Franzi:** Ich finde einen digitalen Schultag schwierig. Das Internet kann mal ausfallen. Dann kann kein digitaler Unterricht stattfinden.

 5 Wer ist für einen Distanzlerntag, wer ist dagegen? **Schreibe** die Namen der Schülerinnen und Schüler auf die Linien.

Für einen Distanzlerntag: _____

Gegen einen Distanzlerntag: _____

 6 Übertrage die Tabelle in dein Heft und **ordne** die grau markierten Argumente aus der Diskussion passend **ein**. Du kannst auch das Arbeitsblatt nutzen.

Soll an unserer Schule ein Tag Distanzlernen pro Woche eingeführt werden – ja oder nein?	
pro (ja)	(kontra) nein

„Ein Beispiel dafür ist …" – Argumente aufbauen und ausbauen

1 **Lies** die Aussagen von Kristina und Moritz.

Kristina: Ich bin gegen einen Distanzlerntag. Es ist schwierig, alle Aufgaben an dem Tag allein zu bearbeiten. Ich war letztes Jahr zum Beispiel oft krank. Da habe ich gemerkt: Es ist einfacher, die Aufgaben in der Schule im Unterricht und nicht allein zu Hause zu machen.

Moritz: Der Distanzlerntag gefällt mir. Man spart dadurch Zeit.

2 In Kristinas Aussage sind die drei Teile eines Arguments in unterschiedlichen Farben markiert. **Markiere** die Kästchen mit den Fachbegriffen dafür in den passenden Farben.

| der Beleg | die Meinung | die Begründung |

3 **Markiere** in der Äußerung von Moritz die Teile des Arguments in unterschiedlichen Farben.

4 In dem Argument von Moritz fehlt ein Teil.
Schreibe den Fachbegriff dafür auf die Linie.

_____

5 **Kreuze** eine passende Ergänzung für Moritz' Argument **an**.

☐ Meine Freundinnen und Freunde haben zum Beispiel auch gesagt, dass sie einen Distanzlerntag gut finden.

☐ Mein Freund braucht zum Beispiel eine Stunde für den Schulweg. Am Distanzlerntag kann er morgens sofort anfangen zu arbeiten.

☐ Der Distanzlerntag ist gut, weil ich zwischendurch am Computer spielen kann.

6 **Schreibe** das vollständige Argument von Moritz in dein Heft.

7 **Lies** die Argumente von Ron, Nora und Basti.

A Ron: Ich bin gegen einen Distanzlerntag. _____

_____ .

Manche meiner Freundinnen und Freunde haben zum Beispiel zu Hause keinen ruhigen Platz zum Arbeiten.

B Nora: Ich bin für einen Distanzlerntag. In manchen Fächern hat man

dadurch Vorteile. _____

_____ .

C Basti:_____

In manchen Fächern ist es schwierig, allein zu lernen. Ich kann mir zum Beispiel Mathe nicht selbstständig beibringen.

8 Die Argumente von Ron, Nora und Basti sind nicht vollständig. **Ergänze** die fehlenden Teile mithilfe des Wortspeichers.

> Zum Beispiel in Hauswirtschaft: Alle können in der eigenen Küche kochen oder backen. • Ich finde den Distanzlerntag nicht gut. • Nicht alle haben die gleichen Möglichkeiten zu Hause.

9 **Markiere** in den Argumenten die Meinungen, die Begründungen und die Beispiele jeweils in den passenden Farben.

So gehst du vor

Argumente formulieren und ausbauen
Um einen Standpunkt überzeugend zu vertreten, brauchst du gute Argumente. Ein Argument besteht meistens aus drei Teilen:
- **Meinung:** Ein Distanzlerntag ist eine gute Idee, ...
- **Begründung:** ... denn so kann jeder die Aufgaben im eigenen Tempo bearbeiten.
- **Belege** (Beispiele, eigene Erfahrungen): Manche Schülerinnen und Schüler brauchen zum Beispiel im Unterricht mehr Zeit für die Aufgaben als andere. An einem Distanzlerntag können sie sich mehr Zeit dafür nehmen und sind weniger gestresst.

„Meiner Meinung nach ...“ – einen argumentativen Brief untersuchen und vorbereiten

Einige Schülerinnen und Schüler haben der Schülervertretung einen Brief zum Thema Distanzlerntag geschrieben. Darin erklären sie ihren Standpunkt.

1 **Lies** den Brief an die Schülervertretung.

> Liebe Schülervertretung,
>
> im Unterricht haben wir darüber diskutiert, ob wir einen Distanzlerntag einführen sollen. In diesem Brief möchten wir euch unseren Standpunkt zu diesem Thema mitteilen.
> 5 Wir finden einen Distanzlerntag schwierig, denn zu Hause wird man beim Lernen häufiger abgelenkt. Zum Beispiel haben nicht alle aus unserer Klasse ein eigenes Zimmer und einen ruhigen Platz zum Arbeiten.
> Wir wollen außerdem lieber in der Schule lernen, weil wir
> 10 gerne zusammen in der Klasse arbeiten. Wir können uns zum Beispiel bei Partnerarbeit oder Gruppenarbeit gegenseitig helfen und unterstützen.
> Zum Schluss möchten wir betonen, dass wir die Diskussion über den Distanzlerntag gut finden und nicht einfach
> 15 dagegen sind. Aus den genannten Gründen möchten wir den Distanzlerntag im Moment aber nicht einführen.
>
> Mit herzlichen Grüßen
> Rebekka, Anna, Sevim und Basti

2 Welchen Standpunkt vertreten die Schülerinnen und Schüler zum Distanzlerntag? **Kreuze an.**

☐ für einen Distanzlerntag   ☐ gegen einen Distanzlerntag

3 Der Hauptteil des Briefes enthält zwei Argumente. **Unterstreiche** die Argumente.

4 **Markiere** in den Argumenten die Meinungen, die Begründungen und die Beispiele in unterschiedlichen Farben.

15

Simon will einen eigenen Brief an die Schülervertretung schreiben. Dazu hat er sich einen Schreibplan angelegt.

 5 **Lies** die Argumente in Simons Schreibplan.

Thema: Soll ein Distanzlerntag eingeführt werden?

Meine Meinung: Ich bin _____ einen Distanzlerntag.

1. Argument	Begründung:	• Vorbereitung auf die digitale Welt
	Beleg:	• zum Beispiel: _____ _____ _____
2. Argument	Begründung:	• Arbeiten im eigenen Tempo möglich
	Beleg:	• zum Beispiel: _____ _____ _____
3. Argument	Begründung:	• praktisch für manche Fächer
	Beleg:	• zum Beispiel: _____ _____ _____

 6 Welche Meinung vertritt Simon? **Vervollständige** seine Meinung im Schreibplan.

 7 **Ergänze** in Simons Schreibplan passende Belege aus dem Wortspeicher.

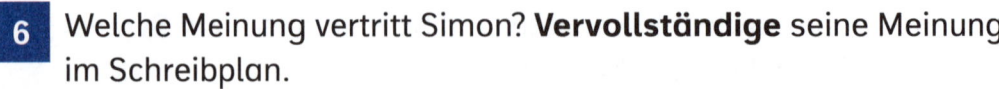

man lernt, mit dem Computer umzugehen • Hauswirtschaft: in der eigenen Küche kochen oder backen • manche brauchen länger für die Aufgaben und haben zu Hause mehr Zeit dafür

Schreiben

1 **Bereite** einen eigenen Brief an die Schülervertretung zum Thema Distanzlerntag **vor**. Nutze die Formulierungen aus den Sprachboxen.

a) **Ergänze** eine angemessene Anrede.

_____ Schülervertretung, ...

> Sehr geehrte ... · Liebe ... · Hallo ...
>
>
> Sprachbox

b) Lies die Einleitung für den Brief an die Schülervertretung. **Ergänze** deine eigene Meinung zum Distanzlerntag.

... in diesem Brief möchte ich euch meine Meinung zum Thema Distanzlerntag mitteilen. Im Deutschunterricht haben wir über diese Frage viel diskutiert.

_____

_____

_____

> Meine Meinung ist, dass ... · Ich bin der Meinung, dass ... ·
> Mein Standpunkt ist, dass ...
>
>
> Sprachbox

c) **Begründe** deinen Standpunkt mit einem ersten Argument. Du kannst ein Argument von den Seiten 12 bis 16 nutzen.

_____

_____

_____

_____

> Zunächst spricht für meinen Standpunkt, dass ...
> Ein Beispiel dafür ist ... · Ich selbst habe dazu folgende
> Erfahrungen gemacht ...
>
>
> Sprachbox

d) **Begründe** deinen Standpunkt mit einem zweiten Argument. Du kannst wieder ein Argument von den Seiten 12 bis 16 nutzen.

_____

_____

_____

_____

Sprachbox

- Ein anderes Argument für meinen Standpunkt ist, dass ...
- Ein Beispiel in dem Zusammenhang ist, dass ...

e) **Formuliere** einen Schluss für deinen Brief. Wiederhole hier noch einmal deine Meinung.

_____

_____

_____

_____

Sprachbox

- Zum Schluss möchte ich noch einmal betonen, dass ein Distanzlerntag viele Vorteile/keine Vorteile hat.
- Aus den genannten Gründen bin ich für/gegen einen Distanzlerntag.

f) **Beende** deinen Brief mit einer Grußformel und deiner Unterschrift.

_____

_____

Sprachbox

Mit freundlichen Grüßen · Viele Grüße · Herzliche Grüße

2 **Übertrage** den vollständigen Brief in dein Heft.

Alles klar? – Teste dich selbst!

1 **Lies** die Argumente.

> Jan: Ich bin für einen Distanzlerntag, denn meine Busfahrt zur Schule ist lang. Ich habe zum Beispiel mehr Lernzeit, wenn ich zu Hause arbeite.

> Anna: Der Distanzlerntag gefällt mir nicht. Der Austausch in den Pausen stärkt zum Beispiel den Zusammenhalt in der Klasse und bringt Entspannung.

2 Welche Standpunkte vertreten Jan und Anna?
Schreibe die Namen hinter die Standpunkte.

Für einen Distanzlerntag: _____

Gegen einen Distanzlerntag: _____

3 **Markiere** in den Argumenten von Jan und Anna die Meinungen, die Begründungen und die Beispiele in unterschiedlichen Farben.

4 In Annas Argument fehlt ein Teil. **Schreibe** den Fachbegriff dafür auf die Linie.

_____

5 **Kreuze** eine passende Ergänzung für Annas Argument **an**.

☐ ..., weil ich es schwierig finde, zu Hause allein zu arbeiten.
☐ ..., weil meine Freundinnen auch gegen einen Distanzlerntag sind.
☐ ..., weil man keine gemeinsamen Pausen mit der Klasse hat.

6 **Schreibe** das vollständige Argument von Anna auf die Linien.

_____

_____

_____

Die Arktis und wir – Materialien auswerten und präsentieren

1 Was fällt dir zur Arktis ein, wenn du die Bilder anschaust? **Schreibe** zwei bis drei Stichworte **auf**.

_____

_____

2 **Lies** den Text über die Arktis.

Die Arktis ist das Gebiet rund um den Nordpol. Sie ist das ganze Jahr über von Eis bedeckt. Im Winter geht die Sonne nicht auf, im Sommer geht sie nicht unter. Manchmal wird es minus 50 Grad kalt.
Der Arktische Ozean ist von einer 3 Meter dicken Eisschicht bedeckt.
5 Trotzdem leben in der Arktis Tiere. Die Arktis ist eine empfindliche Gegend. Durch den Klimawandel verändert sich die Arktis: Es gibt dort immer weniger Eis.

3 Was hast du über die Arktis erfahren? **Beantworte** die folgenden Fragen in deinem Heft.

a) Wo liegt die Arktis?
b) Wie ist der Sommer und wie ist der Winter in der Arktis?
c) Wie kalt kann es in der Arktis werden?
d) Wodurch verändert sich die Arktis und woran merkt man das?

Das lernst du in diesem Kapitel

In diesem Kapitel lernst du
• Sachtexten Informationen zu entnehmen,
• Diagramme zu erschließen und
• einen Kurzvortrag vorzubereiten und zu halten.

Die Arktis – einen Sachtext erschließen

1 **Kreuze** drei Wörter **an**, die zu den Bildern am Rand passen.

- ☐ Gewitter
- ☐ Sandwüste
- ☐ Eisbecher
- ☐ Polarlichter
- ☐ Regenwald
- ☐ Eisbrecher
- ☐ Sonnenuntergang
- ☐ Eiswüste
- ☐ Segelschiff

2 **Überfliege** den Text. Achte vor allem auf die Überschrift und die fett gedruckten Wörter.

Die Arktis

A

In der Arktis gibt es einen **Wechsel zwischen Polartag und Polarnacht**. Die Sonne geht im Sommer nicht unter. Es ist den ganzen Tag hell. Das nennt man Mitternachtssonne. Im Winter ist die Sonne lange nicht zu sehen. Es bleibt dunkel. Das nennt man Polarnacht.
5 Dann kann man das Polarlicht beobachten: **ein Leuchten am Himmel, das durch elektrisch geladene Teilchen entsteht.**

B

Der Norden der Arktis wird als Eiswüste bezeichnet. **Ein Teil des Arktischen Ozeans ist das ganze Jahr mit Eis bedeckt.** Die Eisdecke ist im Durchschnitt 3,5 Meter dick. Durch die Meeres-
10 Strömungen ist diese Eisdecke ständig in Bewegung. Sie kann reißen oder an anderen Stellen bis zu 30 Meter hoch werden. An Land ist der Boden immer gefroren. Das nennt man Permafrost. Im **Winter** kann es minus **50 Grad** kalt werden. In der südlichen Arktis kann es im **Sommer 20 Grad** warm werden.

C

15 Die Polargebiete wurden spät erforscht. Erst **in der zweiten Hälfte des 19. Jahrhunderts** begannen Forscher, die Arktis zu erkunden. Diese Expeditionen waren sehr gefährlich und viele Menschen starben dabei.
Forscher haben schon vor langer Zeit herausgefunden, dass die
20 Arktis wichtig ist, **um das Klima auf der ganzen Welt besser zu verstehen**. Heute gibt es in der Arktis viele Forschungs-Stationen. Forscherinnen und Forscher fahren auf Eisbrechern, um Informationen über das Klima und Tiere zu sammeln. Das größte deutsche Forschungs-Schiff heißt Polarstern.

3 Worum geht es in dem Text? **Vervollständige** den folgenden Satz in deinem Heft. Nutze den Wortspeicher.

In dem Text geht es um ...

die Arktis • Polartag und Polarnacht • Klima • Polarforschung

 4 **Lies** den Text nun gründlich.

 5 **Ordne** die Überschriften aus dem Wortspeicher den Abschnitten **zu**. Schreibe die Überschriften über die passenden Abschnitte.

Das arktische Klima • Polarforschung • Besonderheiten der Arktis

 6 Im Text sind einige Wörter orange markiert. **Verbinde** in der Tabelle die Wörter mit der richtigen Bedeutung.

Wörter	Bedeutungen
A die Mitternachtssonne	1 ein Schiff, das durch Eis fahren kann
B das Polarlicht	2 die Forschungsreise
C der Permafrost	3 wenn die Sonne um Mitternacht noch scheint
D die Expedition	4 Boden, der immer gefroren ist
E der Eisbrecher	5 ein Leuchten am Himmel in Polargebieten

 7 **Markiere** im Text Wörter, die du nicht kennst. Kläre ihre Bedeutung aus dem Zusammenhang oder schlage in einem Wörterbuch nach.

 8 Lies die Fragen a bis f. **Unterstreiche** im Text die Stellen, die dir helfen die Antworten zu finden.

a) Welchen Wechsel kann man in der Arktis erleben?

_____

_____

b) Was ist das Polarlicht?

_____

_____

c) Was ist das Besondere am Arktischen Ozean?

_____

_____

d) Welche Temperaturen herrschen in der Arktis im Sommer und im Winter?

_____

_____

e) Wann begann die Erforschung der Arktis?

_____

f) Warum ist die Arktis für die Forschung besonders wichtig?

_____

_____

9 **Beantworte** die Fragen mithilfe der unterstrichenen Textstellen.

Sachtexte erschließen
- **Überfliege** den Text zunächst. Achte dabei besonders auf Überschriften, Bilder und Hervorhebungen im Text (zum Beispiel fett gedruckte Wörter).
- Lies den Text dann **gründlich**.
- **Gliedere** den Text in **Sinnabschnitte**. Notiere zu jedem Textabschnitt eine **passende Überschrift**.
- **Markiere** und **unterstreiche** Wichtiges, zum Beispiel Schlüsselwörter.

So gehst du vor

Klima, Tiere, Pflanzen ... – unterschiedliche Materialien auswerten

 1 **Überfliege** die Texte und M2. Achte vor allem auf die Bilder und die fett gedruckten Wörter.

M1

In der Arktis ist es **immer kalt**. Es gibt keinen richtigen Frühling, Sommer, Herbst oder Winter. Ein kurzer Polarsommer und ein langer Polarwinter wechseln sich ab. Im **Polarsommer geht die Sonne nicht unter**. Im **Polarwinter geht die Sonne nicht auf**. In den kühlen Polarsommern
5 taut der Boden nur oberflächlich auf. Daher blühen und wachsen die arktischen Pflanzen nur kurz. Die **eisfreie Landschaft** in der Arktis ist daher sehr **kahl**.

M2

In der Arktis gibt es viele Tiere, die an das arktische Klima angepasst sind. Der **Eisbär** ist das bekannteste Tier der Arktis. Er **lebt nur hier**. Außerdem gibt es **Walrosse, Robben, Schneefüchse, Rentiere, Karibus** und über 1000 **Insektenarten**. In der Arktis wachsen wenige Pflanzen.
5 Im kurzen Polarsommer sieht man vor allem **Flechten, Gräser und Moose**.

 2 Worum geht es in den Texten? **Vervollständige** den folgenden Satz in deinem Heft. Nutze den Wortspeicher..

In den Texten geht es um ...

Polarsommer und Polarwinter • Tiere und Pflanzen • Arktis

 3 **Lies** die Texte nun gründlich.

 4 **Ordne** die Überschriften aus dem Wortspeicher den Texten und M2 **zu**. Schreibe die Überschriften über die Texte.

Tiere und Pflanzen in der Arktis • Polarsommer und Polarwinter

5 **Markiere** in den Texten Wörter, die du nicht kennst. Kläre ihre Bedeutung aus dem Zusammenhang oder schlage in einem Wörterbuch nach.

6 Lies die Fragen zu Text **M1**. **Unterstreiche** im Text die Stellen, die dir helfen die Antworten zu finden.

a) Wie sind die Temperaturen in der Arktis?

_____

b) Was ist der Unterschied zwischen Polarsommer und Polarwinter?

_____

_____

c) Wie sieht die eisfreie Landschaft in der Arktis aus?

_____

7 Lies die Fragen zu Text **M2**. **Unterstreiche** im Text die Stellen, die dir helfen die Antworten zu finden.

a) Welche Tiere leben in der Arktis?

_____

_____

b) Was ist das Besondere am Eisbären?

_____

_____

c) Welche Pflanzen wachsen in der Arktis?

_____

8 **Beantworte** die Fragen mithilfe der unterstrichenen Textstellen.

9 **Schau** dir das Diagramm zu dem Ort Longyearbyen **an**. Longyearbyen liegt auf der Inselgruppe Spitzbergen in der Arktis. Es ist einer der nördlichsten Orte auf der Erde.

M3 **Durchschnittstemperatur in Longyearbyen**

	Jan	Feb	März	Apr	Mai	Juni	Juli	Aug	Sep	Okt	Nov	Dez
Durchschnitts-temperatur (°C)	–14	–15	–16	–12	–5	1	5	4	–1	–7	–15	–13

10 Was bedeutet „Durchschnittstemperatur"? **Kreuze an.**

☐ Die Durchschnittstemperatur zeigt, wie warm oder kalt es im Durchschnitt über einen bestimmten Zeitraum ist.

☐ Die Durchschnittstemperatur zeigt, wie warm es am ersten und am letzten Tag des Monats ist.

11 **Beantworte** die Fragen zu dem Diagramm.

a) Welche Information enthält die bunte Zeile?

Die bunte Zeile zeigt die _____

der Monate Januar bis Dezember an.

b) In welchem Monat war es am wärmsten?

_____

c) In wie vielen Monaten lag die Temperatur unter 0 Grad?

_____

12 Was zeigt das Diagramm zusammenfassend über das Klima in Longyearbyen? **Kreise** die zutreffenden fett gedruckten Wörter in den Sätzen **ein**.

Das Diagramm zeigt, dass es in Longyearben sehr **kalt/warm** ist. Es herrscht den größten Teil des Jahres **Frost/Hitze**. Auch in den Sommermonaten Juni bis August wird es nicht wärmer als **3/5** Grad.

Lesen

1 **Schau** dir das Diagramm **an**.

Die Entwicklung der Eisfläche in der Arktis

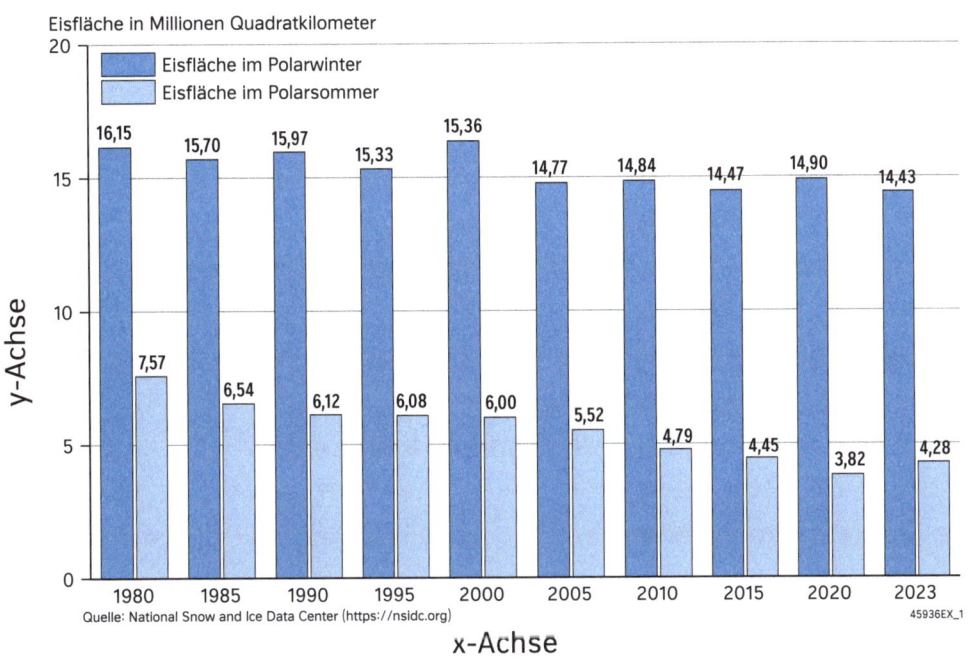

Eisfläche in Millionen Quadratkilometer

Legende:
- Eisfläche im Polarwinter
- Eisfläche im Polarsommer

Werte Polarwinter: 1980: 16,15 | 1985: 15,70 | 1990: 15,97 | 1995: 15,33 | 2000: 15,36 | 2005: 14,77 | 2010: 14,84 | 2015: 14,47 | 2020: 14,90 | 2023: 14,43

Werte Polarsommer: 1980: 7,57 | 1985: 6,54 | 1990: 6,12 | 1995: 6,08 | 2000: 6,00 | 2005: 5,52 | 2010: 4,79 | 2015: 4,45 | 2020: 3,82 | 2023: 4,28

y-Achse

Quelle: National Snow and Ice Data Center (https://nsidc.org)   45936EX_1

x-Achse

2 Worüber informiert das Diagramm? **Vervollständige** den folgenden Satz in deinem Heft.

Das Diagramm informiert über ...

Entwicklung der Eisfläche in der Arktis • von 1980 bis 2023

Diagramme auswerten und deuten
Diagramme stellen Informationen als Bild dar. So kann man die Informationen besonders leicht verstehen. Es gibt zum Beispiel **Säulendiagramme** und **Balkendiagramme**.
So **beschreibst** und **deutest** du ein Diagramm:
- In der **Einleitung** nennst du die Art des Diagramms und das Thema.
- Im **Hauptteil** beschreibst du das Diagramm.
  - Was bedeuten die einzelnen Bestandteile des Diagramms (die x-Achse und die y-Achse)?
  - Welche Angaben werden zu welchem Thema gemacht?
  - Welche Unterschiede und Gemeinsamkeiten kannst du den Angaben entnehmen?
- Zum **Schluss** fasst du die Aussage des Diagramms zusammen.

So gehst du vor

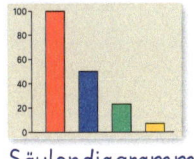
Säulendiagramm

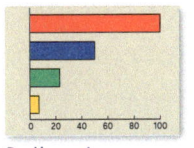
Balkendiagramm

3 Um was für eine Art von Diagramm handelt es sich? **Kreuze an.**

☐ Säulendiagramm   ☐ Balkendiagramm

4 **Beschreibe** das Diagramm. Beantworte dazu die Fragen.

a) Was ist auf der x-Achse (waagerecht) dargestellt? **Kreuze an.**

☐ die Eisfläche   ☐ die Jahre 1980 bis 2023

b) Was ist auf der y-Achse (senkrecht) dargestellt? **Kreuze an.**

☐ die Eisfläche   ☐ die Jahre 1980 bis 2023

c) Was zeigen die dunkelblauen Säulen? **Kreuze an.**

☐ die Eisfläche im Polarwinter   ☐ die Eisfläche im Polarsommer

d) Was zeigen die hellblauen Säulen? **Kreuze an.**

☐ die Eisfläche im Polarwinter   ☐ die Eisfläche im Polarsommer

e) Wie entwickelt sich die Eisfläche? **Vervollständige** die Sätze.

Im Sommer nimmt die Eisfläche _____. Im Winter nimmt die

Eisfläche wieder _____. In den Jahren 1980 bis 2023 hat die

Eisfläche insgesamt _____.

5 Übertrage den folgenden Stichwortzettel in dein Heft und **vervollständige** den Lückentext.

Das Diagramm ist ein ▭. Es informiert über ▭.
Auf der x-Achse (waagerecht) sind die ▭ dargestellt. Auf der y-Achse (senkrecht) ist die ▭ dargestellt. Die dunkelblauen Säulen zeigen ▭. Die hellblauen Säulen zeigen ▭.
Man erkennt, dass die Eisfläche im Lauf der Jahre ▭.

Thema festlegen, recherchieren … – einen Kurzvortrag vorbereiten und halten

1 Schülerinnen und Schüler der Klasse 8a haben Tipps für die Vorbereitung, die Durchführung und die Nachbereitung eines Kurzvortrags gesammelt. **Lies** die Tipps.

1 nach Informationen zum Thema und passenden Materialien suchen

2 Informationen sinnvoll ordnen

3 Zuhörer beim Sprechen anschauen

4 überlegen: Was kann ich beim nächsten Mal anders machen?

5 sich für ein (kleines) Thema entscheiden

6 Zuhörende begrüßen

7 Stichworte auf Karteikarten schreiben

8 Materialien auswerten

9 langsam und deutlich sprechen

10 den Kurzvortrag üben

11 Rückmeldungen einholen: Was war gut?

2 Sind die Tipps jeweils wichtig für die Vorbereitung, die Durchführung und die Nachbereitung? Übertrage die Tabelle in dein Heft und **ordne** die Tipps **ein**.

Tipps für die Vorbereitung	Tipps für die Durchführung	Tipps für die Nachbereitung

Digital+
Arbeitsblatt
WES-127536-005

3 **Bereite** einen Kurzvortrag über die Arktis **vor** und gehe dabei so vor: Suche auf den Seiten 20 bis 28 nach Informationen über die Arktis. Übertrage die Übersicht in dein Heft und **ordne** die Informationen **ein**.

Digital+
Arbeitsblatt
WES-127536-006

Die Arktis	
Informationen zu:	
Die Arktis	Gebiet um den Nordpol, …
Polarwinter und Polarsommer	Winter: Sonne geht nicht auf …
Arktisches Klima	
Tiere und Pflanzen	
Entwicklung der Eisfläche	
…	

4 **Lege** Karteikarten für deinen Kurzvortrag **an**. Gehe dabei so vor:

a) **Lies** die Überschriften und Stichworte auf den Karteikarten.
b) Entscheide dich für zwei Karteikarten. **Ergänze** jeweils eine Information.
c) **Übertrage** deine Notizen auf echte Karteikarten.

Die Arktis

• Gebiet um den Nordpol
• Temperaturen: _____
_____
_____

Tiere

• Eisbär
• andere Tiere: _____
_____
_____

Polarwinter und Polarsommer

• langer Winter, Sonne geht nicht auf
• kurzer Sommer: _____
_____
_____

Pflanzen

• Boden: Permafrost
• Pflanzenarten: _____
_____
_____

Entwicklung der Eisfläche

• im Winter mehr Eis
• Entwicklung insgesamt:
_____
_____

---

5 Was machst du mit den Karteikarten während deines Kurzvortrags? **Kreuze** zwei Antworten **an**.

☐ Ich zeige den Zuhörenden die Karteikarten.
☐ Ich gliedere den Kurzvortrag nach den Überschriften auf den Karteikarten.
☐ Ich nutze die Karteikarten zur Unterstützung, wenn mir etwas nicht einfällt.
☐ Ich lese die Stichworte von den Karteikarten ab.
☐ Ich mache mir Notizen auf den Karteikarten.

6 Auf welche Weise können die Karteikarten dir helfen? **Kreuze** zwei Antworten **an**.

☐ Ich komme bei der Gliederung nicht durcheinander.
☐ Es sieht besser aus, wenn ich etwas in der Hand halte.
☐ Die Stichworte unterstützen mich, sodass ich nichts vergesse.

7 **Übe** nun deinen Kurzvortrag mithilfe der Karteikarten.

Alles klar? – Teste dich selbst!

1 **Lies** den Text.

wwf.de
Klimawandel und die Tiere der Arktis

A

Bis 2050 könnte ein Drittel der Eisbären verschwunden sein, wenn das **Eis der Arktis** weiter **schmilzt**. Auf dem Eis jagen Eisbären nach Robben. Im Sommer müssen die Eisbären nun immer öfter an Land, wo sie weniger Futter finden und hungern. Aus diesem Grund
5 **kommen weniger junge Eisbären zur Welt**.

B

Wie der Eisbär lebt auch das Walross auf dem Eis. Tausende von Walrossen verteilen sich normalerweise in kleinen Gruppen auf den Eisschollen. Weil das Eis immer mehr schmilzt, **sammeln sich nun große Gruppen von Walrossen an der Küste**. Diese Rückzugsorte
10 sind oft so überfüllt, dass die Walrosse unter Stress leiden und Jungtiere erdrückt werden. (verändert)

2 Worum geht es in dem Text? **Vervollständige** den folgenden Satz in deinem Heft. Nutze den Wortspeicher.

In dem Text geht es um ...

Folgen des Klimawandels • Tiere in der Arktis

3 **Ordne** die Überschriften aus dem Wortspeicher den Abschnitten **zu**. Schreibe die Überschriften über die passenden Abschnitte.

Gedränge an den Küsten • Die weißen Könige der Arktis sind bedroht

4 **Lies** die Fragen zu dem Text. Unterstreiche im Text die Stellen, die dir helfen die Antworten zu finden.

a) Warum sind die Eisbären bedroht?
b) Was passiert, wenn die Eisbären hungern?
b) Was machen die Walrosse, wenn das Eis schmilzt?

5 **Beantworte** die Fragen in deinem Heft.

Schwierige Beziehungen? – Kurze Erzählungen untersuchen

 1 Die Bilder A bis C zeigen Situationen aus den Geschichten, die du in diesem Kapitel lesen kannst. **Schau** dir die Bilder **an**.

A

B

C

2 **Überlege,** worum es in den Geschichten gehen könnte.

3 **Lies** die Anfänge der Geschichten aus diesem Kapitel.

1 „Wohin gehst du?", fragst du. „Klavierunterricht", antworte ich knapp.
„Ah", sagst du. Wenig später dann: „Kalt heute."   (verändert)

2 Liebe Mom, lieber Dad, bitte entschuldigt, dass ich mich so lange nicht gemeldet habe. Ich kann mir vorstellen, dass Ihr Euch meinetwegen Sorgen gemacht habt.

3 Tessa Fuchs war die Einzige, die nicht mit ihrem Banknachbarn redete – es gab keinen. Sie war die Einzige, die nicht über den Witz von Simon lachte. Es war wieder einmal ein Witz über sie.   (verändert)

 4 Welcher Text passt zu welchem Bild? **Schreibe** die Nummern der Texte in die Kästchen bei den Bildern.

Das lernst du in diesem Kapitel

In diesem Kapitel lernst du
- Kurzgeschichten zu verstehen,
- die Beziehungen von Figuren zu untersuchen,
- Merkmale von Kurzgeschichten kennen und
- den Inhalt einer Kurzgeschichte wiederzugeben.

„Partnerarbeit" – eine Kurzgeschichte erschließen

1 **Lies** die Kurzgeschichte oder höre sie dir an.

Digital+
Audio
WES-127536-007

Stefanie Dominguez
Partnerarbeit (2012)
Tessa Fuchs war die Einzige, die nicht mit ihrem Banknachbarn redete – es gab
keinen. Sie war die Einzige, die nicht über den Witz von Simon lachte. Es war
wieder einmal ein Witz über sie. „Hey, Tessa! Woher hast du denn die Jacke? Aus der
Kleidersammlung?" Das hatte er sie schon einmal in der fünften Klasse gefragt, aber
5 die anderen lachten trotzdem. Wahrscheinlich hatten sie vergessen, dass der Witz
nur eine Wiederholung war. Tessa hatte es nicht vergessen, auch das Lachen nicht.
Sie lachten immer.
Sie erschreckte sich, als sich jemand neben sie setzte und sagte: „Maik ist krank. Ich
dachte, wir könnten heute nebeneinandersitzen." Es war Ben Wolf, der nette Junge
10 aus ihrer Straße. „Lass mich in Ruhe", sagte Tessa und schaute in ihr Religionsbuch.
„In dem Buch steht, dass wir die Aufgabe mit unserem Partner lösen sollen. Meiner
ist krank, du hast keinen, also ...", sagte Ben.
Tessa entgegnete: „Es ist mir egal. Du schaffst diese dämliche Aufgabe auch alleine."
Ben schüttelte den Kopf. „Ich möchte aber neben dir sitzen."
15 „Tessa", flüsterte Ben. „Es tut mir leid, wenn ich früher über dich gelacht habe. Lass
es mich wiedergutmachen."
Sie rückte von ihm weg. „Ich will kein Mitleid. Und es stört mich nicht, wenn du lachst.
Alle lachen."
„So war das doch gar nicht gemeint." Bens Stimme wurde lauter. Die anderen sahen
20 zu ihnen herüber. Tessa starrte auf ihr Buch.
Sie sagte: „Geh weg. Bitte. Sonst fangen sie wieder an."
Ben berührte sie leicht am Arm, aber sie zog ihn weg.
Trotzdem blieb er sitzen und redete weiter: „Zeig her,
was steht denn da? Wir müssen also fünf Stufen der
25 Freundschaft festlegen. Die erste ist bestimmt ..."
„Das findest du lustig, *oder?* Ausgerechnet mit
mir über Freundschaft zu reden, wo ich ja so viele
Freunde habe!"
Ben hob die Hände und machte große Augen. „Ich
30 wollte doch nur ... Ich dachte, wir machen das
zusammen, als Fuchs und Wolf sozusagen."
Der Witz war so blöd, dass Tessa kichern musste.
„Siehst du, so schlimm bin ich gar nicht", meinte Ben

und schob das Buch in die Mitte. Es lag jetzt genau zwischen ihnen.

35 Tessa öffnete den Mund, aber Simon war schneller und sagte: „Fuchs und Wolf? Benny, flirtest du etwa mit unserer *Klassenschönheit?*"

Die anderen fingen an zu lachen. Es tat in ihren Ohren weh.

Bens Gesicht war vollkommen ausdruckslos. Er lachte nicht, er zog bloß eine Augenbraue hoch und sagte zu Simon: „Ja, tue ich. Was dagegen?"   (verändert)

 2 Welche Aussagen zu der Kurzgeschichte treffen zu? **Kreuze an.**

	richtig	falsch
Alle aus der Klasse sitzen gern neben Tessa.	☐	☐
Ben setzt sich neben Tessa, weil Maik krank ist.	☐	☐
Die anderen aus der Klasse lachen oft über Tessa.	☐	☐
Tessa freut sich, als Ben sich neben sie setzt.	☐	☐
Simon sagt den letzten Satz in der Geschichte.	☐	☐

  3 **Verbessere** die falschen Aussagen in deinem Heft.

  4 Die Beziehung zwischen Tessa und Ben verändert sich. Das wird an einigen Textstellen besonders deutlich. **Lies** die Textstellen und die Sätze zur Beziehung zwischen Tessa und Ben.

Textstellen	**Beziehung zwischen Tessa und Ben**
A „Sie erschreckte sich, als sich jemand neben sie setzte (…)." (Zeile 8)	**1** Ben gibt nicht auf. Er will neben Tessa sitzen und mit ihr arbeiten.
B „Ben berührte sie leicht am Arm, aber sie zog ihn weg." (Zeile 22)	**2** Ben lacht nicht über Tessa, sondern verteidigt sie gegenüber Simon.
C „Ben (…) schob das Buch in die Mitte. Es lag jetzt genau zwischen ihnen." (Zeilen 33 bis 34)	**3** Tessa denkt, dass Ben so ist wie alle anderen und sie ärgern will.
D „Er lachte nicht (…) und sagte zu Simon: „Ja, tue ich. Was dagegen?" (Zeilen 38 bis 39)	**4** Ben will nett zu Tessa sein. Aber sie will nicht, dass Ben neben ihr sitzt.

  5 **Verbinde** die Textstellen mit den passenden Sätzen zur Beziehung zwischen Tessa und Ben.

Kürze, Offenheit, Wendepunkt ... – die Merkmale einer Kurzgeschichte kennen und nachweisen

1 **Lies** die Lernbox.

Merkmale von Kurzgeschichten

Kurzgeschichten haben oft folgende **Merkmale**:

- **Darstellung eines Ausschnitts:** Die Handlung zeigt nur einen kurzen Ausschnitt aus dem Leben einer Figur.
- **Alltäglichkeit:** Es geht um Situationen und Figuren, die auch im Alltag vorkommen können.
- **Offenheit:** Eine Kurzgeschichte beginnt plötzlich, ohne Einleitung oder Vorstellung der Figuren. Am Ende bleibt vieles offen.
- **Wendepunkte:** An einem Punkt der Kurzgeschichte verändert sich etwas überraschend oder es passiert etwas Unerwartetes.
- **Anregung zum Nachdenken:** Kurzgeschichten sollen die Leserinnen und Leser zum Nachdenken anregen.

Das kannst du dir merken

2 **Ordne** den Merkmalen einer Kurzgeschichte passende Nachweise für den Text „Partnerarbeit" **zu**.

Merkmale einer Kurzgeschichte	„Partnerarbeit" von Stefanie Dominguez
A Darstellung eines Ausschnitts	1 Ben ist nett zu Tessa. Das ist für sie überraschend.
B Alltäglichkeit	2 Die Geschichte regt an, über Mobbing nachzudenken.
C Offenheit	3 Die Handlung spielt in nur einer Schulstunde.
D Wendepunkte	4 Die Figuren werden nicht vorgestellt. Am Ende erfährt man nicht, wie es mit Tessa und Ben weitergeht.
E Anregung zum Nachdenken	5 Alltägliche Situation in der Schule: Ein Mädchen wird von anderen geärgert.

„Frost" – eine Kurzgeschichte untersuchen

1 **Lies** die Kurzgeschichte oder höre sie dir an.

Digital+
Audio
WES-127536-008

Elisabeth Steinkellner
Frost (2016)

„Wohin gehst du?", fragst du.
„Klavierunterricht", antworte ich knapp.
„Ah", sagst du. Wenig später dann:
„Kalt heute."
5   Ich schweige.
„Was machst du in den Ferien?", fragst du.
Ich zucke mit den Schultern, schaue geradeaus.
„Ich fliege zu meinem Papa nach Gran Canaria. Der hat dort ein riesiges Haus. Sogar
mit Köchin und so. Hab ich letztes Jahr auch gemacht. Einmal war ich auf einer Party
10 eingeladen, lauter coole Leute dort. Wir haben ..."
„Ah ja?", unterbreche ich dich. „Spricht man auf Gran Canaria nicht Spanisch? Seit
wann kannst du bitte Spanisch?" Ich bleibe stehen und sehe dich an.
Du schweigst.
„Wieso laberst du immer so einen Scheiß, den dir eh niemand glaubt?", schreie ich
15 dich an.
Du schaust mich an. Gehst dann einfach weiter.
„Du willst dich wohl wichtigmachen", ergänze ich, „willst wohl, dass dich alle toll
finden. Ist aber nicht so. Im Gegenteil. Eigentlich finden dich alle ziemlich blöd." Ich
bin selbst überrascht über meine gemeinen Worte.
20 Du bleibst stehen. Drehst dich zu mir um. „Ja", sagst du, „weiß ich. Ihr zeigt mir ja
ständig, wie blöd ihr mich alle findet."
Pause.
Dann sagst du: „Aber was wäre so falsch daran, wenn mich auch mal wer toll findet?"
Ich schweige.
25 „Fühlst dich wohl größer, wenn du andere beleidigst", sagst du zu mir und dein Blick
ist frostig. Ich spüre, wie ich wütend werde. Ich will etwas dagegen sagen. Du sollst
nicht denken, du hättest recht.
Aber du drehst dich schon um. „Tja dann", rufst du mir zu, „ein schönes Leben
noch!" Läufst davon und überquerst die Straße, ohne nach rechts oder links zu
30 schauen.
Ich starre dir hinterher. Ich merke, dass ich vor Ärger die Zähne aufeinandergebissen
habe. Nehme Anlauf und trete mit aller Kraft gegen einen Haufen aus Schnee.
Dann bücke ich mich, um meinen Schuh zu binden.
Als ich wieder hochblicke, bist du nirgends mehr zu sehen.   (verändert)

36

2 Um was geht es in der Kurzgeschichte? **Kreuze an.**

☐ um zwei Jugendliche, die sich über den Urlaub unterhalten
☐ um zwei Jugendliche, die ineinander verliebt sind
☐ um zwei Jugendliche, die sich nicht mögen und miteinander streiten

3 Ein Schüler hat angefangen, mit der wörtlichen Rede der beiden Figuren einen Dialog zu schreiben. **Lies** den Anfang des Dialogs.

Du: Wohin gehst du?
Ich: Klavierunterricht
Du: Ah ... Kalt heute.
Ich: (schweigt)
Du: Was machst du in den Ferien?
Ich: (schweigt)
Du: Ich fliege zu meinem Papa nach Gran Canaria. Der hat dort ein riesiges Haus. Sogar mit Köchin und so. Hab ich letztes Jahr auch gemacht. Einmal war ich auf einer Party eingeladen, lauter coole Leute dort. Wir haben ...

...

Digital+
Arbeitsblatt
WES-127536-009

4 **Vervollständige** den Dialog in deinem Heft. Du kannst auch das Arbeitsblatt nutzen.

5 **Lies** die Zusammenfassung des Gesprächs. Die Reihenfolge ist durcheinandergeraten.

☐ Das Ich glaubt dem Du nicht und sagt, dass niemand das Du mag.
☐ Das Ich antwortet nur mit einem Wort.
☐ Das Du wirft dem Ich vor, dass es sich gemein verhält.
1 Das Du spricht auf der Straße das Ich an.
☐ Das Du erzählt, dass es in den Ferien nach Gran Canaria fliegt.

6 Bringe die Zusammenfassung des Gesprächs in die richtige Reihenfolge. **Trage** dazu in Aufgabe 5 die Nummern 1 bis 5 **ein.**

7 Das Ich und das Du machen sich gegenseitig Vorwürfe. **Schreibe** die Textstellen auf, in denen die beiden ihre Vorwürfe aussprechen. Die Zeilenangaben helfen dir.

Ich: _____

_____ (Zeile 17)

Du: _____

_____ (Zeile 25)

8 Wie endet der Streit? **Vervollständige** den Lückentext.

Das Du will nichts mehr mit dem Ich zu tun haben. Es wünscht

dem Ich noch _____

und läuft davon. Das Ich _____ zwar sehr

und tritt gegen einen Haufen aus _____. Aber es

_____ dem Du trotzdem hinterher.

> Schnee • ein schönes Leben • schaut • ärgert sich

9 Nadir, Selma und Anna sind sich nicht einig, welche der beiden Figuren in dem Streit recht hat. **Kreuze an**, welcher Meinung du zustimmst.

Nadir: Das Ich ist nur neidisch auf die andere Person. ☐

Anna: Ich verstehe, dass das Ich wütend ist. Das Du lügt, um sich wichtigzumachen. ☐

Selma: Es lässt sich nicht sagen, wer recht hat. Man weiß nicht, ob das Du wirklich lügt. Und das Du verhält sich tatsächlich gemein. ☐

10 Warum passt der Titel „Frost" gut zu der Kurzgeschichte? **Kreuze an.**

☐ weil das Du das Ich frostig anschaut
☐ weil es Winter ist
☐ weil man die Beziehung der beiden Personen als frostig beschreiben kann

„Liebe Mom, lieber Dad ...“ – eine Kurzgeschichte untersuchen

1 **Lies** die Kurzgeschichte oder höre sie dir an.

Digital+
Audio
WES-127536-010

Irene Dische
Liebe Mom, lieber Dad (2008)

Liebe Mom, lieber Dad, bitte entschuldigt, dass ich mich so lange nicht gemeldet habe. Ich kann mir vorstellen, dass Ihr Euch meinetwegen Sorgen gemacht habt. Aber ich konnte wirklich nicht anrufen. Bis gestern lag ich im Krankenhaus. Zum ersten Mal seit anderthalb Monaten sitze ich wieder an einem Tisch. Nach unserem
5 Streit vor sechs Wochen wegen Ralf, der Euch nicht gefällt, war ich sehr wütend. Danach wäre ich besser nicht mit dem Auto gefahren. Meine beste Freundin Jackie hatte die ganze Zeit im Auto auf mich gewartet. Nach dem Besuch bei Euch wollten wir zu Ralfs Farm weiterfahren. Ich war hereingekommen und sagte: „Ich wollte euch bloß Guten Tag sagen, ich bin auf dem Weg zu Ralf." Da habt Ihr gleich
10 angefangen, mir Vorwürfe wegen Ralf zu machen. Als Dad meine Beziehung zu ihm eine „Katastrophe" nannte und Mom zu weinen anfing, bin ich gegangen. Ich habe mich ins Auto gesetzt, mit zitternden Händen. Jackie bot an zu fahren. Aber ich wollte nicht. Ich fuhr zu schnell. Jackie schrie mich an. An einer Baustelle übersah ich die Warnschilder. Ein kleines Auto, darin eine indische Familie mit vier Kindern,
15 kam mir entgegen. Ich krachte mitten in sie rein. Jackie schrie: „Nein! Nein!" Es waren ihre letzten Worte. Jackie ist tot. Ein siebenjähriger Junge in dem anderen Auto hat überlebt. Die Eltern und seine drei Geschwister sind tot. Meine Hüften und beide Beine sind zerquetscht. Ich habe schwere Verletzungen im Gesicht, sieben Rippen, der linke Arm und die linke Hand sind gebrochen. Ich habe auch innere Verletzungen
20 – unter anderem einen Lungenriss. Drei Tage war ich auf der Intensivstation. Ralf kam mit dem Flugzeug, um bei mir zu sein. In Boston sollte eine Ausstellung mit seinen Bildern eröffnet werden, für die er seit mehr als einem Jahr gearbeitet hatte.

Er fuhr nicht hin, sondern blieb bei mir. Irgendwann musste er zurück zu seiner Farm, sich um die Tiere kümmern. Dann kam er an den
25 Wochenenden zu mir. Die übrige Zeit war ich allein: Ich habe vier Operationen hinter mir – in vier Wochen. Im Gesicht werde ich noch operiert. Vielleicht kann ich nie mehr richtig laufen. Kinder werde ich auch keine bekommen können. Aber das Schlimmste ist: Ich habe fünf Menschen umgebracht.
30 Liebe Mom, lieber Dad. Das alles ist gar nicht wahr. In Wahrheit hatte ich bei Euch angehalten, um Euch eine erfreuliche Nachricht zu bringen. Aber ihr habt so schlecht über Ralf gesprochen. Deshalb konnte ich Euch nicht sagen, dass ich schwanger bin. Jetzt bin ich im fünften Monat. Letzte

35 Woche haben Ralf und ich geheiratet. Entschuldigt den ersten Absatz: Ich wollte nur, dass Ihr meine Neuigkeiten richtig beurteilen könnt. Ich bin ungeheuer glücklich. Besucht uns bald mal.
In Liebe
Eure Tochter Sarah   (verändert)

2 Was hast du gedacht und gefühlt, als du den Schluss der Geschichte gelesen hast? **Kreuze an.**

☐ Ich war überrascht, dass die Geschichte mit dem Unfall nur erfunden war.
☐ Ich habe mich gefreut, dass die Geschichte ein gutes Ende hat.
☐ Ich fand es nicht gut, dass Sarah ihre Eltern zuerst belogen hat.

3 Welche Aussagen zur Geschichte treffen zu? **Kreuze an.**

	richtig	falsch
Sarahs Eltern mögen Ralf gerne.	☐	☐
Sarah hat sich über ihre Eltern geärgert.	☐	☐
Sarah hatte einen Unfall und ist schwer verletzt.	☐	☐
Sarah erfindet eine schreckliche Geschichte.	☐	☐
Sarah hat ein Kind bekommen.	☐	☐

4 **Verbessere** die falschen Aussagen in deinem Heft.

5 **Ordne** den Merkmalen einer Kurzgeschichte passende Nachweise für den Text „Liebe Mom, lieber Dad" **zu.**

Merkmale einer Kurzgeschichte	„Liebe Mom, lieber Dad" von Irene Dische
A Darstellung eines Ausschnitts	1 Geschichte regt an, über Sarahs Verhalten nachzudenken
B Alltäglichkeit	2 Geschichte besteht nur aus einem Brief
C Offenheit	3 überraschend, dass die Geschichte nur erfunden ist
D Wendepunkte	4 Figuren werden nicht vorgestellt, Ende bleibt offen
E Anregung zum Nachdenken	5 Streit zwischen Eltern und Tochter

Schreiben

1 **Beantworte** die folgenden Fragen zu der Kurzgeschichte „Liebe Mom, lieber Dad" von Irene Dische.

a) Welche Figuren kommen in der Geschichte vor?

_____

b) Worum geht es in der Geschichte?

Eine Tochter schreibt ihren Eltern einen _____, in dem

sie von einem schlimmen _____ berichtet.

c) Was erfährt man beim Lesen am Wendepunkt der Geschichte?

Am Ende des Briefes erfährt man, dass Sarah die Geschichte

mit dem Unfall _____ hat. In Wahrheit ist sie

_____ und hat gerade _____.

2 Eine Schülerin hat den Inhalt der Kurzgeschichte wiedergegeben. **Lies** den Text.

In der Kurzgeschichte „Liebe Mama, lieber Dad" von <u>Ingrid Dische</u> geht es um Sarah, die ihren <u>Großeltern</u> einen Brief schreibt. Sarah berichtet in dem Brief, dass sie nach einem Unfall im <u>Urlaub</u> ist. Sie schreibt, dass sie nach einem Streit mit den Eltern mit einem anderen <u>Fahrrad</u> zusammengestoßen ist. Bei dem Streit ging es um Sarahs Beziehung zu Ralf, den die Eltern nicht <u>kennen</u>. Sarah erzählt, dass bei dem Unfall ihre beste Freundin <u>Jessie</u> und <u>fünf</u> Menschen aus dem anderen Auto gestorben sind. Am <u>Anfang</u> des Briefes schreibt Sarah, dass sie sich die Geschichte ausgedacht hat. Sie berichtet, dass sie <u>Mutter geworden</u> ist und Ralf <u>verlassen</u> hat. Sie wollte nur, dass die Eltern diese Nachricht richtig einschätzen können.

3 Die Inhaltsangabe enthält einige Fehler, die rot unterstrichen sind. **Schreibe** den Text in dein Heft und verbessere dabei die Fehler.

Alles klar? – Teste dich selbst!

📱 Digital+
Audio
WES-127536-011

1 **Lies** die Kurzgeschichte oder höre sie dir an.

Helga M. Novak
Schlittenfahren (1967–1968)

Das Haus steht in einem Garten. Der Garten ist groß. Durch den Garten fließt ein Bach. Im Garten stehen zwei Kinder. Das eine Kind kann noch nicht sprechen. Das andere Kind ist größer. Sie sitzen auf einem Schlitten. Das kleinere Kind weint. Das größere sagt: „Gib den

5 Schlitten her." Das kleinere weint. Es schreit.

Aus dem Haus kommt ein Mann. Er sagt: „Wer brüllt, kommt rein." Er geht in das Haus zurück. Die Tür fällt hinter ihm zu. Das kleinere Kind schreit.

Der Mann erscheint wieder in der Haustür. Er sagt: „Komm rein. Na

10 wird's bald. Du kommst rein. Nix. Wer brüllt, kommt rein. Komm rein." Der Mann geht hinein. Die Tür klappt zu.

Das kleinere Kind hält die Schnur des Schlittens fest. Es weint laut. Der Mann öffnet die Haustür. Er sagt: „Du darfst Schlitten fahren, aber nicht brüllen. Wer brüllt, kommt rein. Ja. Schluss jetzt."

15 Das größere Kind sagt: „Andreas will immer allein fahren." Der Mann sagt: „Wer brüllt, kommt rein. Ob er nun Andreas heißt oder sonst wie." Er macht die Tür zu.

Das größere Kind nimmt dem kleineren den Schlitten weg. Das kleinere Kind weint laut. Der Mann kommt aus dem Haus. Das

20 größere Kind gibt dem kleineren den Schlitten zurück. Das kleinere Kind setzt sich auf den Schlitten und fährt los.

Der Mann sieht in den Himmel. Der Himmel ist blau. Die Sonne ist groß und rot. Es ist kalt. Der Mann pfeift laut. Er geht wieder ins Haus zurück. Er macht die Tür hinter sich zu.

25 Das größere Kind ruft: „Vati, Andreas gibt den Schlitten nicht mehr her."

Die Haustür geht auf. Der Mann steckt den Kopf heraus. Er sagt: „Wer brüllt, kommt rein." Die Tür geht zu.

Das größere Kind ruft: „Vati, jetzt ist Andreas in den Bach gefallen."

30 Die Haustür öffnet sich ein kleines Stück. Der Mann ruft: „Wie oft soll ich das noch sagen? Wer brüllt, kommt rein."   (verändert)

2 Um was geht es in der Geschichte? **Kreuze an.**

☐ um zwei Kinder, die sich um einen Schlitten streiten, und ihren Vater
☐ um eine Mutter, die sich über die streitenden Kinder ärgert

3 Welche Aussagen treffen auf die Geschichte zu? **Kreuze an.**

	richtig	falsch
Beide Kinder sind gleich alt.	☐	☐
Die Kinder streiten sich um den Schlitten.	☐	☐
Der Vater kümmert sich nicht um die Kinder, sondern brüllt sie nur an.	☐	☐
Das größere Kind gibt den Schlitten nicht mehr her.	☐	☐
Am Ende fällt das größere Kind in den Bach.	☐	☐
Der Vater bekommt nicht mit, dass eines der Kinder in den Bach gefallen ist.	☐	☐

4 **Verbessere** die falschen Aussagen in deinem Heft.

5 **Lies** die Zusammenfassung der Geschichte. Die Reihenfolge ist durcheinandergeraten.

- ☐ Das größere Kind lässt das kleinere mit dem Schlitten fahren.
- ☐ Andreas fällt in den Bach, aber der Vater bekommt das nicht mit.
- 1 Zwei Kinder streiten sich um einen Schlitten.
- ☐ Das größere Kind ruft den Vater, weil es auch Schlitten fahren will.
- ☐ Der Vater kommt aus dem Haus und schimpft mit den Kindern.

6 Bringe die Zusammenfassung der Geschichte in die richtige Reihenfolge. **Trage** dazu in Aufgabe 5 die Nummern 1 bis 5 **ein**. Die Bilder auf Seite 42 helfen dir.

7 **Ordne** den Merkmalen einer Kurzgeschichte passende Nachweise für den Text „Schlittenfahren" **zu**.

Merkmale einer Kurzgeschichte	„Schlittenfahren" von Helga M. Novak
A Darstellung eines Ausschnitts	1 Kinder streiten sich, der Vater ist deshalb genervt
B Alltäglichkeit	2 Figuren werden nicht vorgestellt, man erfährt nicht, wie es weitergeht
C Offenheit	3 Handlung dauert ungefähr eine halbe Stunde

Ich und das Internet – die Mediennutzung reflektieren

 1 **Lies** die Aussagen über die Nutzung von Medien und Internet.

Ich bin oft in sozialen Medien aktiv.

Ich habe ein Handy mit Internetzugang.

Ich nutze das Internet, um mich zu informieren.

Ich chatte oft mit meinen Freundinnen und Freunden.

Ich nutze das Internet, um Spiele zu spielen.

Ich glaube, dass ich meine Bildschirmzeit im Griff habe.

Ich habe das Gefühl, dass ich viel zu viel vor dem Bildschirm bin.

 2 **Unterstreiche** alle Aussagen, die für dich zutreffen.

 3 Was sind Vorteile und was sind Nachteile, die das Internet mit sich bringt? **Ordne** die Stichworte passend in die Tabelle **ein**.

Vorteile	Nachteile

Zugang zu Informationen • Fake News • Ablenkung • Suchtgefahr •
Vernetzung mit anderen • Online-Shopping

 4 **Markiere** in der Tabelle einen Vorteil und einen Nachteil, den du selbst am wichtigsten findest.

Das lernst du in diesem Kapitel

In diesem Kapitel lernst du
- deine eigene Mediennutzung zu hinterfragen,
- deine Medienzeit zu kontrollieren und
- über die Rolle von Influencern nachzudenken.

Wie viel Zeit verbringst du am Bildschirm? – Über die eigene Medienzeit nachdenken

1   **Lies** den Text.

quarks.de
Wie lange dürfen Kinder vor einem Bildschirm sitzen?
Auf diese Frage gibt es keine Antworten, die für alle Kinder
gleich gelten. Kinder unterscheiden sich und so ist es auch bei
der Bildschirmzeit.
Für die tägliche Mediennutzung von Kindern und Jugendlichen
5   gibt es aber folgende Empfehlungen:
- 0 bis 3 Jahre: am besten keine Bildschirmmedien, höchstens 30 Minuten
  Hörmedien, regelmäßig mit den Kindern Bücher anschauen und vorlesen
- 3 bis 6 Jahre: höchstens 30 Minuten vor dem Bildschirm, höchstens
  45 Minuten Hörmedien, regelmäßig Bücher anschauen und vorlesen
10 • 6 bis 10 Jahre: höchstens 45 bis 60 Minuten Bildschirmmedien, höchstens
  60 Minuten Hörmedien, regelmäßiges Vorlesen oder Lesen
- 10 bis 12 Jahre: eine Stunde pro Tag oder 7 Stunden pro Woche
- 13 bis 14 Jahre: 1,5 Stunden pro Tag oder 10,5 Stunden pro Woche
- 15 bis 16 Jahre: 2 bis 2,5 Stunden pro Tag oder 14 bis 17,5 Stunden pro Woche

(verändert)

2   Welche Aussagen zum Text treffen zu? **Kreuze an.**

	richtig	falsch
Alle Kinder sollen gleich viel Zeit vor dem Bildschirm verbringen.	☐	☐
Kinder zwischen 0 und 3 Jahren sollen regelmäßig Bildschirmmedien nutzen.	☐	☐
Kindern bis 10 Jahre soll man regelmäßig vorlesen.	☐	☐
15-Jährige sollen höchstens 2,5 Stunden pro Tag am Bildschirm verbringen.	☐	☐

3   **Markiere** im Text, welche Bildschirmzeit für dein Alter empfohlen
wird.

4   Verbringst du so viel Zeit am Bildschirm, wie für dein Alter
empfohlen wird? Schätze deine Bildschirmzeit und **kreuze an.**

☐ weniger Zeit   ☐ so viel Zeit wie empfohlen   ☐ mehr Zeit

Schreiben

1 Welche Medien nutzt du? **Kreuze an.**

☐ Smartphone ☐ PC ☐ Tablet-PC ☐ Spielekonsole ☐ Fernseher

2 Für welche Zwecke nutzt du Medien? **Kreuze an.**

☐ chatten ☐ Information ☐ lernen ☐ Videos schauen ☐ Musik

3 **Lege** ein Medientagebuch **an**. Du kannst das Arbeitsblatt nutzen.

🔲 Digital+
Arbeitsblatt
WES-127536-012

a) **Schreibe** in die linke Spalte deine Medien.
b) **Schreibe** in die nächste Spalte, wozu du die Medien nutzt.
c) **Trage** ein, wann und wie lange du die Medien an einem Tag nutzt.

Uhrzeit		0–8 Uhr	8–12	12–14	14–16	16–18	18–20	22–0 Uhr	Dauer
Medium	**Zweck**								
Smart-phone	chat-ten				10 Min.				
PC	...								
Fernse-her									
...									
								Gesamtzeit:	

4 Zähle zusammen, wie lange du jedes Medium genutzt hast. Errechne dann die Gesamtzeit. **Schreibe** die Gesamtzeit **auf**.

Die Gesamtzeit meiner Mediennutzung war heute: _____ Minuten.

5 Vergleiche deine Gesamtzeit mit dem Text und deiner Schätzung von Seite 45. **Kreuze an.**

☐ Ich habe weniger Zeit vor dem Bildschirm verbracht als empfohlen.

☐ Ich habe so viel Zeit vor dem Bildschirm verbracht wie empfohlen.

☐ Ich habe mehr Zeit vor dem Bildschirm verbracht als empfohlen.

Sollte ich das einmal ausprobieren? – Tipps zur Kontrolle der eigenen Medienzeit kennenlernen

1 **Lies** die folgenden Tipps, wie man seine eigene Medienzeit kontrollieren kann.

1 Benachrichtigungen aus!
Viele Apps senden dir Benachrichtigungen. Das kann ablenken. Stelle die Benachrichtigungen aus. Das kannst du in den Einstellungen deines Smartphones oder Computers tun.

3 Nicht mit ins Bett!
Nutze die letzten 30 Minuten vor dem Schlafen kein elektronisches Gerät mehr. So kannst du besser schlafen.

4 Andere Aktivitäten planen!
Überlege dir für deinen Tag Aktivitäten, die nichts mit dem Internet zu tun haben. Dann vergisst du eine Zeit lang das Internet und hast einfach Spaß mit Freunden und Familie.

2 Zeitgrenze setzen!
Überlege dir, wie viele Minuten am Tag du online verbringen willst und setze dir eine Zeitgrenze.

5 Apps und Zeitfresser löschen!
Vielleicht verbringst du mit einem Spiel oder einer App besonders viel Zeit. Dann sind sie Zeitfresser. Lösche das Spiel oder die App. Vielleicht hast du deine Medienzeit irgendwann besser unter Kontrolle. Dann kannst du das Spiel oder die App wieder nutzen.

2 Warum können die Tipps hilfreich sein? **Ordne** den Tipps passende Begründungen **zu.**

- ☐ Man verbringt nur so viel Zeit online, wie man selbst festlegt.
- 1 Man wird weniger abgelenkt.
- ☐ Man ist nicht mehr von Zeitfressern abhängig.
- ☐ Man unternimmt mehr Dinge mit Freunden und Familie.
- ☐ Man kann besser schlafen.

3 Welchen Tipp findest du für dich selbst besonders hilfreich? **Schreibe** die Nummer zusammen mit einer Begründung **auf**.

_____

_____

_____

„to influence" meint „beeinflussen" – sich über Werbung im Internet informieren

 1 **Lies** den Text.

Was Influencer sind und wie sie Geld verdienen

Influencer sind Personen, die in den sozialen Medien bekannt geworden sind. Sie bekommen viel Aufmerksamkeit. Sie schreiben Beiträge zu Politik, Sport, Mode, Freizeit, Musik oder Beauty. Erfolgreich sind Influencer dann, wenn sie viele Follower haben. Ab

5 einer bestimmten Zahl von Followern bekommen Influencer Geld für Werbung, die manche Videoplattformen anzeigen.

Influencer können auch Geld damit verdienen, dass sie in ihren Videos oder auf sozialen Netzwerken selbst Werbung machen. Manche Firmen stellen den Influencern dann Produkte kostenlos zur

10 Verfügung. Viele Influencer zeigen in ihren Beiträgen die Produkte oder berichten, wie gut sie diese finden.

2 Welche Aussagen zum Text treffen zu? **Kreuze an.**

- [ ] Influencer werden durch Bücher und Zeitungen bekannt.
- [ ] Erfolgreiche Influencer haben viele Follower.
- [ ] Für Werbung bekommen Influencer kein Geld.
- [ ] Manche Influencer machen Werbung in ihren Videos.
- [ ] Influencer müssen Firmen Geld für Produkte zahlen.

 3 Welcher Meinung stimmst du zu? **Kreuze** eine Meinung **an**.

Luma: Die Influencer verblöden ihre Follower. Alle glauben dann, dass man sich so schminken und so aussehen muss. [ ]

Anna: Influencer finde ich blöd, weil sie uns immer etwas verkaufen wollen. Man merkt nicht einmal, dass es um Werbung geht. [ ]

Meriz: Viele Influencer setzen sich für richtig gute Dinge ein, zum Beispiel für das Klima. Bei denen wird man richtig gut informiert! [ ]

Alles klar? – Teste dich selbst!

1 Welche Probleme kann es geben, wenn man zu viel Zeit vor dem Bildschirm verbringt? **Kreuze** drei Probleme **an**, die du am wichtigsten findest.

☐ Man vernachlässigt Freunde und Familie, wenn man immer online ist.

☐ Apps und Spiele können abhängig machen.

☐ Die Medien lenken einen ab und man wird unkonzentriert.

☐ Man schläft schlecht, wenn man den ganzen Tag über elektronische Geräte nutzt.

☐ Wenn verschwendet seine Zeit mit den Medien.

2 **Schreibe** in Stichworten drei Tipps **auf**, die bei den angekreuzten Problemen helfen können.

_____

_____

_____

3 Was sind Influencerinnen und Influencer? **Kreuze** die richtige Aussage **an**.

☐ Menschen, die Produkte testen und sie unabhängig bewerten.

☐ Personen, die mit ihren Beiträgen im Internet über Werbung Geld verdienen.

☐ Menschen, die Einfluss auf andere Leute haben wie zum Beispiel ein Politiker oder eine berühmte Schauspielerin.

4 Folgst du Influencern in den sozialen Medien? **Begründe,** warum du das tust oder nicht tust.

_____

_____

_____

49

Zeitungen, Nachrichten, Fake News … – sich über aktuelle Themen informieren

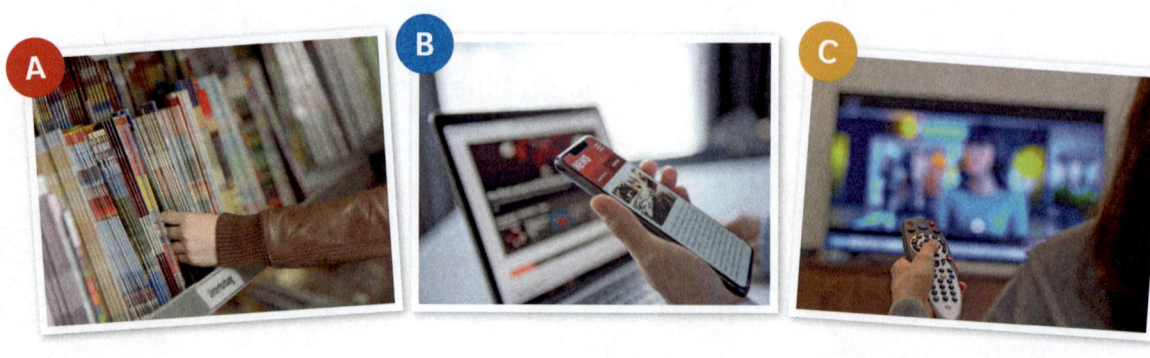

A　B　C

_____　_____　_____

1 Welche Medien sind auf den Bildern zu sehen? **Schreibe** die passenden Bezeichnungen unter die Bilder.

Internet • Fernsehen • Zeitschriften

2 Welche Medien nutzt du, um dich über aktuelle Themen zu informieren? **Kreuze an.**

☐ Ich lese manchmal Zeitung.
☐ Meistens informiere ich mich in den sozialen Medien.
☐ Im Internet finde ich oft gute Informationen.
☐ Ich schaue Nachrichten im Fernsehen.
☐ Ich höre Nachrichten im Radio.

3 Welchen Quellen vertraust du am meisten, wenn es um Informationen zu aktuellen Themen geht? **Kreuze** drei Quellen **an.**

☐ Zeitung ☐ Fernsehen ☐ soziale Medien ☐ Nachrichten-Apps
☐ Gespräche mit Bekannten ☐ Nachrichtenseiten im Internet

Das lernst du in diesem Kapitel

In diesem Kapitel lernst du
• Zeitungstexte zu erschließen,
• Meldungen, Berichte und Kommentare zu unterscheiden und
• Fake News zu erkennen.

Informierende journalistische Texte – Meldungen und Berichte erschließen

1 **Lies** die folgende Meldung aus einer Zeitung. Achte auf die fett gedruckten Wörter.

Düsseldorf (wgr/dpa) – **Schulministerin Yvonne Gebauer** hat **kurz vor den Ferien** einen Hinweis für die Schüler in **Nordrhein-Westfalen**. Sie empfiehlt ihnen, ihre **Zeugnisse nicht in sozialen Medien zu posten**. „Ich persönlich halte es für keine gute Idee,
5 das eigene Zeugnis zu posten", erklärte Gebauer auf Anfrage. „Mir wäre das **Risiko zu groß, dass ein persönliches Dokument wie ein Zeugnis im Internet verbreitet wird**." (verändert)

2 Wo findest du in der Meldung Informationen zu den W-Fragen? **Markiere** die Stellen in den passenden Farben.

Wer hat etwas gesagt? _____

Was wurde gesagt? _____

_____

Wann wurde es gesagt? _____

Wo wurde es gesagt? _____

Warum wurde es gesagt? _____

_____

3 **Beantworte** die W-Fragen zu der Meldung.

Informierende Texte: Meldung
Eine kurze Nachricht in der Zeitung wird **„Meldung"** genannt.
Eine Meldung wird von einer **Nachrichtenagentur** geschrieben.
Am Anfang steht nach dem Ort der Name der Nachrichtenagentur, zum Beispiel dpa. Die Meldung wird in einer Zeitung oder online veröffentlicht. Sie beantwortet in wenigen Zeilen die wichtigsten **W-Fragen** (Wer? Was? Wann? Wo? Wie? Warum?).

Das kannst du dir merken

📖 **4** **Lies** den Zeitungsbericht.

○ **Mahnung an Schüler: Zeugnisse nicht ins Internet**
○ Von Leandra Kubiak
○ **Bielefeld. An den meisten Schulen in Nordrhein-Westfalen werden am Freitag die Zeugnisse verteilt. Selbst wenn das Zeugnis richtig gut ist, sollten Schüler es nicht in den sozialen Netzwerken posten. Das rät Yvonne Gebauer, die**
5 **Schulministerin von Nordrhein-Westfalen.**
○ „Mir wäre das Risiko zu groß, dass ein persönliches Dokument wie ein Zeugnis im Internet verbreitet wird", sagt die Ministerin. Auch die Gewerkschaft GEW und der Verband VBE sind der Meinung: Zeugnisse sollte man nicht in den sozialen Medien
10 posten. Ein Zeugnis ist schließlich ein persönliches Dokument. Jessica Waniak aus dem Verein Digitalcourage sieht das ähnlich. Denn Zeugnisse enthalten persönliche Angaben: zur Schule, zu den Fächern und auch zur Religion einer Schülerin oder eines Schülers. Manchmal kann es noch Jahre später Probleme geben,
15 wenn man ein Bild vom Zeugnis veröffentlicht. „Was einmal im Netz steht, steht immer im Netz", warnt sie.
Auch Datenschützer haben Bedenken. „Einmal veröffentlichte Informationen können schnell kopiert werden. Andere können sie dann weiter veröffentlichen", sagt Nils Schröder, ein Fachmann
20 für Datenschutz. Man weiß nicht, was mit den Informationen passiert. „Nicht jeder möchte, dass die Zeugnisse aller Welt bekannt sind, zum Beispiel späteren Arbeitgebern."   (verändert)

 5 **Verbinde** die Fachbegriffe mit den passenden Erklärungen.

Fachbegriff	Erklärung
A die Schlagzeile	**1** Person, die den Text geschrieben hat
B die Verfasserin	**2** eine Überschrift, die aufmerksam macht
C der Vorspann	**3** der restliche Text, der viele Infos enthält
D der Haupttext	**4** eine Einführung in das Thema des Textes

 6 **Ordne** die Fachbegriffe den Bestandteilen des Zeitungsberichts **zu**. Schreibe A, B, C oder D in die Kreise neben dem Text.

7 **Kreuze an**, was auf die Meldung von Seite 51 und den Zeitungsbericht auf Seite 52 zutrifft.

	Meldung	Bericht
Schlagzeile	☐	☐
Nachrichtenagentur angegeben	☐	☐
Verfasserin genannt	☐	☐
kurzer Text mit wenigen Informationen	☐	☐
längerer Text mit vielen Informationen	☐	☐
Zitate von Fachleuten	☐	☐

8 **Lies** die Meinungen der Personen aus dem Zeitungsbericht.

Person, deren Meinung wiedergeben wird:	Meinungen der Personen:
_____ _____	auch gute Zeugnisse nicht im Internet posten
_____ _____	persönliche Dokumente wie Zeugnisse nicht in den sozialen Medien posten
_____ _____	ein Bild vom Zeugnis zu veröffentlichen kann Jahre später noch Probleme machen
_____ _____	veröffentlichte Informationen können kopiert und weiter veröffentlicht werden

9 **Schreibe** in die linke Spalte, wer die Meinung in dem Zeitungsbericht vertritt.

Informierende Texte: Bericht

Ein **Bericht** in einer Zeitung oder in einem Nachrichtenportal enthält mehr Informationen als eine Meldung. Der Bericht informiert sachlich über **Hintergründe und Zusammenhänge**. Über dem Bericht steht meistens eine **Schlagzeile**. Der **Haupttext** beginnt meist mit einem **fett** oder *schräg* gedruckten **Vorspann**. Hier sind die wichtigsten Informationen zusammengefasst.

Das kannst du dir merken

Mit Texten Meinungen machen – Kommentare erschließen

  1 **Lies** den Text.

Niemand braucht einen E-Scooter!
Von Patrick Bruckner

Viele finden die schnellen E-Scooter toll.
Angeblich sind sie umweltfreundlicher als
Autos. Das stimmt nicht, denn die E-Scooter
leisten nicht wirklich einen Beitrag
5 zum Klimaschutz.
Die Menschen nutzen E-Scooter vor allem für kurze Strecken.
Bisher sind sie solche Strecken zu Fuß gegangen oder mit dem
Fahrrad gefahren. Das ist beides viel umweltfreundlicher.
E-Scooter sorgen nicht dafür, dass die Menschen weniger Auto
10 fahren. Für größere Einkäufe sind E-Scooter zum Beispiel nicht
geeignet. Mit dem E-Scooter kann man nämlich nicht viele Dinge
transportieren.
Aber einen Vorteil haben die E-Scooter: Man kann sie überall
abstellen und muss keinen Parkplatz suchen. Das führt aber auch
15 dazu, dass manche Leute die E-Scooter mitten auf den Wegen oder
in den Parks der Stadt abstellen.
Immer wieder wird behauptet, dass E-Scooter gut für die Umwelt
sind. Das stimmt aber nicht. Die Akkus der E-Scooter halten nur zwei
bis vier Monate. Danach muss ein neuer Akku eingebaut werden. Das
20 ist schlecht für die Umwelt.
Wieso fahren diejenigen, die weniger Autos in der Stadt haben
wollen, nicht einfach mit dem Fahrrad? Das ist gut für die Umwelt
und die Gesundheit. E-Scooter braucht wirklich niemand.

(verändert)

 2 Welche Aussage zum Text trifft zu? **Kreuze an.**

Der Verfasser Patrick Bruckner ...	richtig	falsch
... informiert in seinem Artikel sachlich über E-Scooter.	☐	☐
... ist gegen den Einsatz von E-Scootern.	☐	☐
... ist für den Einsatz von E-Scootern.	☐	☐

3 Mit welchen Argumenten begründet der Verfasser Patrick Bruckner seinen Standpunkt? **Kreuze** vier Argumente **an**.

☐ Mit dem Fahrrad oder zu Fuß lassen sich kurze Strecken umweltfreundlicher zurücklegen als mit E-Scootern.

☐ E-Scooter fahren ist cool und macht Spaß.

☐ E-Scooter tragen nicht dazu bei, dass die Menschen weniger Auto fahren.

☐ Abgestellte E-Scooter versperren Wege in der Stadt und in Parks.

☐ E-Scooter sind nicht umweltfreundlich, weil die Akkus oft gewechselt werden müssen.

☐ Es passieren viele Unfälle mit E-Scootern.

4 Stimmst du dem Standpunkt von Patrick Bruckner zu oder nicht? **Kreuze an.**

☐ Ich finde, er hat recht: Niemand braucht E-Scooter.

☐ Ich finde, er hat nicht recht. E-Scooter haben auch Vorteile.

5 **Begründe** in deinem Heft deine Meinung mit einem Argument aus Aufgabe 3.

Ich bin gegen/für E-Scooter, weil ...

6 **Lies** die Lernbox.

Meinungsbildende Texte: Kommentar
Ein **Kommentar** ist ein **meinungsbildender Text** in einer Zeitung oder im Internet. Darin schreibt eine Verfasserin oder ein Verfasser ihre/seine **persönliche Meinung** zu einem Thema. Der Kommentar soll die Leserin oder den Leser **durch Argumente überzeugen**.

Das kannst du dir merken

7 Wodurch unterscheidet sich ein Kommentar von einem Zeitungsbericht? **Vervollständige** den Lückensatz.

Ein Zeitungsbericht _____ über

Hintergründe und Zusammenhänge. In einem Kommentar

äußert jemand seine _____ zu einem Thema.

55

Fake News erkennen

Lesen

1 **Lies** die Lernbox.

Das kannst du dir merken

Fake News erkennen

Fake News sind **gefälschte Nachrichten**. Sie werden meistens im Internet verbreitet. Wenn du auf eine Meldung stößt, die dir merkwürdig vorkommt, kannst du sie mit folgenden **Fragen überprüfen:**

- Woher kommt die Meldung?
- Passen die Bilder zum Text?
- Entsprechen die Behauptungen deinem Alltagswissen?
- Berichten auch andere Internetseiten oder Zeitungen darüber?
- Wann wurde die Meldung veröffentlicht?

2 Prüfe dein Wissen über Fake News. **Löse** das Rätsel und **kreuze** die richtigen Antworten **an**.

a) Was sind Fake News? Verbinde die Wörter im Gitterrätsel durch Pfeile zu sinnvollen Sätzen.

Gefälschte	man	News.	Sie
Nachrichten	nennt	Fake	werden
genau.	Prüfe	verbreitet.	oft
daher	Nachrichten	Internet	im

Ziel

b) Woran kannst du Fake News oft erkennen?
   (2 richtige Antworten)

☐ Beim Text steht nicht, wer ihn geschrieben hat.
☐ Der Text ist aus dem Internet.
☐ Text und Bilder passen nicht zusammen.

c) Wie prüfst du, ob es sich um Fake News handelt?
   (2 richtige Antworten)

☐ Ich überlege, ob das Berichtete logisch und glaubwürdig ist.
☐ Ich prüfe, ob andere Internetseiten oder Zeitungen das Gleiche berichten.
☐ Ich teile die Nachricht in den sozialen Medien.

Alles klar? – Teste dich selbst!

1 **Lies** den Zeitungstext.

○ **Spielabbruch nach Faustschlag in Bremen**

○ **In Bremen wurde am Wochenende ein Fußballspiel abgebrochen. Ein Zuschauer rannte aufs Spielfeld und schlug einen Torhüter. Die Polizei sucht Zeugen für den Vorfall.**

○ Zu dem Vorfall kam es bei einem Spiel in der Kreisliga. Der Verein
5   Eintracht Aumund spielte gegen eine Mannschaft aus Bremen.
    Die Polizei hat dazu Folgendes mitgeteilt: Es gab einen Zweikampf
    zwischen dem Aumunder Torhüter und einem Bremer Spieler.
    Danach rannte ein Zuschauer auf das Feld und schlug dem
    Torhüter mit der Faust auf den Kopf. Der Schiedsrichter brach
10   das Spiel ab. Der Torhüter wurde leicht verletzt.   (verändert)

2 Benenne die Bausteine des Zeitungstextes. **Schreibe** die
passenden Buchstaben in die Kreise neben dem Text.

A Vorspann   **B** Schlagzeile   **C** Haupttext

3 Wo findest du in dem Zeitungstext Informationen zu den
W-Fragen? **Markiere** die Stellen in den passenden Farben.

Was ist passiert? _____

Wer war beteiligt? _____

Wann fand der Vorfall statt? _____

Wo fand der Vorfall statt? _____

Welche Folgen hatte der Vorfall? _____

_____

4 **Beantworte** die W-Fragen zu dem Zeitungstext.

5 Um was für eine Textsorte handelt es sich? **Kreuze an.**

☐ meinungsbildender Text   ☐ informierender Text

Was möchtest du werden? – Sich mit verschiedenen Materialien informieren

 1 Auf den Bildern A, B und C siehst du Menschen mit unterschiedlichen Berufen. **Schau** dir die Bilder **an**.

A   B   C

 2 **Ordne** die Bilder den Berufen **zu**.

 ◯ Koch   ◯ Gärtnerin   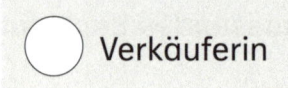 ◯ Verkäuferin

 3 Was tun die Menschen in den Berufen? **Schreibe** die passenden Berufe in die Sprechblasen.

Beruf: _____
Ich schneide Gemüse oder Fleisch und bereite Gerichte zu.

Beruf: _____
Ich sortiere Waren in die Regale oder bediene die Kasse.

Beruf: _____
Ich schneide, gieße und dünge Pflanzen.

 4 Für welchen Beruf interessierst du dich? **Schreibe** auf die Linie.

_____

Das lernst du in diesem Kapitel

In diesem Kapitel lernst du
- Informationen aus verschiedenen Materialien zu entnehmen,
- diese Informationen übersichtlich zu ordnen und
- und einen informierenden Text zu planen und zu schreiben.

Lesen

1 **Lies** den Text über den Beruf Gärtnerin.

Steckbrief Gärtnerin
Bundesagentur für Arbeit/berufenet.de
Ausbildung

Dauer der Ausbildung: 3 Jahre

Ort der Ausbildung: Gärtnerei und Berufsschule

> Hier wird nur die weibliche Form verwendet: Gärtnerin. Es sind aber auch alle Jungen und Männer gemeint.

Gärtnerinnen arbeiten mit Pflanzen. Sie gießen und düngen die Pflanzen.
5 Außerdem bearbeiten und pflegen sie Böden. Gärtnerinnen sollten körperlich fit sein, denn sie arbeiten oft in gebückter Haltung. Sie müssen auch geschickt sein, zum Beispiel beim Ernten von Früchten und Auspflanzen. Wichtige Schulfächer sind Mathematik, um die benötigten Mengen von Saatgut oder Dünger auszurechnen. Auch Biologie ist wichtig,
10 weil man viel über Pflanzen wissen muss. Ein anderes nützliches Schulfach ist Werken, weil man viel mit Werkzeugen und Maschinen arbeitet. (verändert)

2 **Lies** die Fragen.

A Was macht man in diesem Beruf?

_____

_____

B Was ist wichtig für diesen Beruf (Fähigkeiten, Schulfächer)?

_____

_____

C Was sollte man über die Ausbildung wissen?

_____

_____

3 **Markiere** im Text die Stellen, die Antworten auf die Fragen geben, in den passenden Farben.

4 **Beantworte** die Fragen in Stichworten.

Was macht man als ...? – Verschiedenen Materialien Informationen entnehmen

Die Schülerinnen und Schüler der Klasse 8a machen bald ein Praktikum. Daher wollen sie sich über mögliche Berufe informieren. Bevor sie im Internet nach Informationen suchen, haben sie Fragen zu Berufen gesammelt.

 1 Elisa interessiert sich für den Beruf Verkäuferin. Sie hat eine Liste mit Fragen zu dem Beruf begonnen. **Lies** die Fragen.

> Fragen zum Beruf der Verkäuferin
>
> A Was macht man in diesem Beruf?
>
> B Was ist wichtig für diesen Beruf (Fähigkeiten, Schulfächer)?
>
> C Was sollte man über die Ausbildung wissen?
>
> D Was ist an diesem Beruf interessant?
>
> E Was ist in diesem Beruf manchmal schwierig?

 2 Um welche Themen geht es bei Elisas Fragen? **Markiere** die Fragen in den Farben der folgenden Themen.

Anforderungen · Tätigkeiten · Schwierigkeiten · Ausbildung · Vorteile

 3 **Lies** den Text über den Beruf Verkäuferin.

M1 **Steckbrief Verkäuferin**

Bundesagentur für Arbeit / berufenet.de

Ausbildung

Dauer der Ausbildung: 2 Jahre

Orte der Ausbildung: Geschäft und Berufsschule

Was macht man in diesem Beruf? Verkäuferinnen räumen neue
5 Waren in Regale ein und bringen Preisschilder an. Sie überprüfen, ob die Waren in Ordnung und frisch sind. Verkäuferinnen beraten Kunden und verkaufen ihnen Waren. Beim Bezahlen bedienen sie die Kasse.
Was ist wichtig? Verkäuferinnen sollten gerne mit anderen Menschen sprechen und höflich sein. Wichtige Schulfächer sind Mathematik und
10 Deutsch. (verändert)

> Hier wird nur die weibliche Form verwendet: Verkäuferin. Es sind aber auch alle Jungen und Männer gemeint.

 4 In dem Text findest du Antworten auf die Fragen A bis C in Aufgabe 1. **Markiere** die Textstellen in den gleichen Farben, die du in Aufgabe 2 benutzt hast.

5 Elisa stellt der Auszubildenden Emilia N. Fragen über den Beruf Verkäuferin. **Lies** das Interview.

M2 **Interview mit einer Auszubildenden im Supermarkt**

Elisa: Wie sieht eine normale Woche bei dir aus?

Emilia N.: Ich bin zwei Tage in der Berufsschule. Drei Tage arbeite ich im Supermarkt.

Elisa: Ist die Berufsschule anstrengend?

5 **Emilia N.:** Ja, denn wir müssen oft selbstständig lernen. Vor allem Mathematik finde ich schwer. Und die Lehrkräfte achten darauf, dass wir immer pünktlich sind.

Elisa: Was findest du am Beruf Verkäuferin interessant?

Emilia N.: Die Arbeit ist abwechslungsreich. Ich habe jeden Tag ganz

10 unterschiedliche Dinge zu tun. Und es macht Spaß, mit anderen Menschen zusammenzuarbeiten und mit den Kunden zu sprechen.

Elisa: Was fällt dir bei der Arbeit manchmal schwer?

Emilia N.: Wenn ich müde bin, muss ich aufpassen, dass ich keine Fehler mache. Manchmal ist es schwer höflich zu bleiben, wenn

15 Kunden unhöflich oder frech werden.

Elisa: Wie sind die Arbeitszeiten?

Emilia N.: Die Arbeitszeiten sind unterschiedlich. Manchmal arbeite ich morgens, manchmal abends und manchmal auch am Samstag. Das gehört einfach dazu.

20 **Elisa:** Vielen Dank, das war sehr interessant!

6 In dem Text findest du Antworten auf die Fragen D und E in Aufgabe 1. **Markiere** die Textstellen in den passenden Farben.

7 Elisa bekommt noch mehr Informationen von Emilia N. Welche Aussagen über die Ausbildung und den Beruf Verkäuferin treffen zu? **Kreuze an.**

	richtig	falsch
Während der Ausbildung ist man drei Tage in der Berufsschule und zwei Tage im Betrieb der Ausbildung.	☐	☐
In der Berufsschule sind selbstständiges Lernen und Pünktlichkeit wichtig.	☐	☐
Verkäuferinnen arbeiten manchmal morgens, manchmal abends, aber nie am Wochenende.	☐	☐

8 **Berichtige** die falschen Aussagen in deinem Heft.

9 **Vervollständige** die Übersicht mit den Informationen aus den Texten und M2 .

Fragen	Informationen aus den Texten
Was macht man in diesem Beruf? M1	Verkäuferinnen räumen neue Waren in _____ ein, bringen _____ an und prüfen die Waren. Sie _____, verkaufen die Waren und bedienen die _____.
Was ist wichtig für diesen Beruf (Fähigkeiten, Schulfächer)? M1	Verkäuferinnen sollten gerne mit Menschen _____ und _____ sein. Wichtige Schulfächer sind _____ und _____.
Was sollte man über die Ausbildung wissen? M1	Die Ausbildung dauert _____ Jahre. Orte der Ausbildung sind das _____ und die _____.
Was ist an diesem Beruf interessant? M2	Die Arbeit ist _____. Man kann mit anderen Menschen zusammen-arbeiten und mit _____ sprechen.
Was ist in diesem Beruf manchmal schwierig? M2	Auch wenn man müde ist, darf man keine _____ machen. Wenn Kunden frech werden, ist es schwer _____ zu bleiben.

„Der Beruf des/der ..." – einen informativen Text schreiben

1 Eine Schülerin hat für ihre Vorstellung des Berufs Verkäuferin die folgende Einleitung geschrieben. **Lies** die Einleitung.

In meinem Text informiere ich über den Beruf Verkäuferin. „Die Arbeit ist <u>langweilig</u>", sagt die Auszubildende Emilia N. über ihren Job. Das zeigt schon, dass <u>Bäckerinnen</u> viele unterschiedliche Aufgaben haben. Wenn du gerne mit anderen Menschen <u>chillst</u> und mit <u>Freundinnen</u> sprichst, ist der Beruf das Richtige für dich.

2 Die Einleitung enthält einige Fehler, die rot unterstrichen sind. **Schreibe** den Text in dein Heft und verbessere dabei die Fehler.

3 **Vervollständige** den Hauptteil des Textes über den Beruf Verkäuferin. Nutze die Formulierungen aus der Sprachbox.

_____

Als Verkäuferin räumst du neue Waren ein, bringst Preisschilder an, überprüfst die Waren, berätst Kunden und bedienst die Kasse.

_____

Verkäuferinnen sollten gerne mit anderen Menschen sprechen und höflich sein. Wichtige Schulfächer sind Mathematik und Deutsch.

_____

Die Arbeit ist abwechslungsreich. Man kann mit anderen Menschen zusammenarbeiten und mit den Kunden reden.

_____

Die Ausbildung zum Beruf Verkäuferin dauert 2 Jahre.

Die folgenden Formulierungen kannst du für einen Text verwenden, in dem du andere über einen Beruf informierst:
- In dem Beruf ▬ machst du Folgendes: ...
- Für den Beruf ▬ sollte man diese Anforderungen erfüllen: ...
- Der Beruf ▬ bietet folgende Vorteile: ...
- Über die Ausbildung sollte man Folgendes wissen: ...

Sprachbox

Alles klar? – Teste dich selbst!

 1 **Lies** den Text über den Beruf Beikoch.

> Hier wird nur die männliche Form verwendet: Beikoch. Es sind aber auch alle Mädchen und Frauen gemeint.

M1 **Steckbrief Beikoch**
Bundesagentur für Arbeit / berufenet.de
Ausbildung
<u>Dauer der Ausbildung:</u> 3 Jahre
<u>Orte der Ausbildung:</u> Küche und Berufsschule
Was macht man in diesem Beruf? Beiköche helfen
5 beim Kochen und Anrichten von Gerichten, zum Beispiel
von Suppen oder Nachtischen. Sie schneiden zum Beispiel
Fleisch oder putzen Gemüse. Beiköche prüfen auch, ob die
Lebensmittel in Ordnung und frisch sind.
Was ist wichtig? Beiköche müssen geschickt sein und gut
10 riechen und schmecken können. Ein wichtiges Schulfach
ist Mathematik, um Mengenangaben umzurechnen. Auch Deutsch
ist wichtig, um Rezepte zu lesen und zu verstehen.   (verändert)

 2 **Lies** die Fragen.

A Was macht man in diesem Beruf?

B Was ist wichtig für diesen Beruf (Fähigkeiten, Schulfächer)?

C Was sollte man über die Ausbildung wissen?

3 **Markiere** im Text die Stellen, die Antworten auf die Fragen geben, in den passenden Farben.

 4 Bakus stellt dem Beikoch Mario Fragen über seinen Beruf. **Lies** das Interview.

M2 **Interview mit einem Beikoch**
Bakus: Was findest du am Beruf Beikoch interessant?
Mario: Man kann in dem Beruf kreativ sein, zum Beispiel beim
Anrichten von Gerichten. Außerdem macht es Spaß, beim Kochen
mit anderen zusammenzuarbeiten.
Bakus: Was ist in diesem Beruf manchmal schwierig?
Mario: Man arbeitet viel im Stehen. Das kann anstrengend sein.
Manchmal muss es in der Küche schnell gehen. Das ist dann stressig.

5 Welche Aussagen über den Beruf Beikoch treffen zu? **Kreuze an.**

	richtig	falsch
Beiköche arbeiten in der Küche alleine.	☐	☐
Das Stehen beim Kochen kann anstrengend sein.	☐	☐

6 **Vervollständige** die Übersicht mit den Informationen aus den Texten **M1** und **M2** .

Fragen	Informationen aus den Texten
Was macht man in diesem Beruf? **M1**	Beiköche helfen beim _____ und Anrichten von Gerichten. Sie _____ zum Beispiel Fleisch oder _____ Gemüse. Beiköche prüfen auch, ob die Lebensmittel in Ordnung und _____ sind.
Was ist wichtig für diesen Beruf (Fähigkeiten, Schulfächer)? **M1**	Beiköche müssen _____ sein, gut _____ und _____ können. Wichtige Schulfächer sind _____ und _____.
Was sollte man über die Ausbildung wissen? **M1**	Die Ausbildung in der _____ und in der _____ dauert _____ Jahre.
Was ist an diesem Beruf interessant? **M2**	Man kann als Beikoch _____ sein und mit anderen Menschen _____.
Was ist in diesem Beruf manchmal schwierig? **M2**	Man arbeitet viel im _____. Manchmal ist die Arbeit in der Küche _____.

65

Das Herz eines Boxers – ein Theaterstück erschließen

 1 **Schau** dir das Foto und das Plakat zu einer Aufführung des Theaterstückes „Das Herz eines Boxers" von Lutz Hübner **an**.

 2 **Lies** den Ankündigungstext zu dem Theaterstück.

Das Herz eines Boxers
Ein Theaterstück über das Umfallen und Wieder-Aufstehen
Jojo ist ein echt schwieriger Typ: Er hat keine Arbeit, keine Freunde, keine Hoffnung. Und jetzt hat er noch einen Diebstahl zugegeben. Dabei war es der Boss seiner Bande, der etwas gestohlen hat. Jojo muss zur Strafe in einem Altenheim Wände anstreichen. Dort trifft er den alten Mann Leo, der scheinbar nicht sprechen kann. Nach einer Weile beginnt Leo aber doch zu sprechen. Und Jojo staunt: Denn Leo ist ein ehemaliger Boxer! Und er hat eine überraschende Vergangenheit. Eine verrückte Freundschaft beginnt.   (verändert)

Theater Spielzeit – mobile Kinder- und Jugendtheater Landshut

 3 Um was geht es in dem Theaterstück? **Kreuze an.**

☐ um Jojo, der etwas gestohlen hat
☐ um die Freundschaft zwischen zwei sehr unterschiedlichen Menschen

4 Würdest du dir das Theaterstück anschauen? **Kreise ein**, was zutrifft, und **schreibe** eine Begründung.

Ich würde mir das Theaterstück anschauen / nicht anschauen,

weil _____ .

Das lernst du in diesem Kapitel

In diesem Kapitel lernst du
• die Handlung eines Theaterstückes zu erschließen,
• die Beziehung von Figuren und ihre Entwicklung zu untersuchen und
• Theaterszenen szenisch zu lesen.

Leo und Jojo – den Anfang eines Theaterstückes erschließen

1 **Lies** den Anfang des Theaterstückes „Das Herz eines Boxers" von Lutz Hübner.

Digital+
Audio
WES-127536-013

Das Herz eines Boxers, 1. Szene (Auszug 1)
Leo kommt in sein Zimmer im Altenheim. Auf dem Tisch liegen seine Tabletten. Er schüttet sich die Tabletten in die Hand und geht zum Fenster. Leo öffnet das Fenster und sieht sich um. Dann schmeißt er die Tabletten nach draußen. Er boxt ein paar Mal in die Luft. Von draußen
5 *hört er jemanden kommen und setzt sich schnell in seinen Sessel. Jojo kommt herein. Er hat Folie, Wandfarbe und Pinsel dabei.*

2 Was erfährst du über Leo? **Kreuze** die zutreffenden Aussagen **an**.

☐ Leo ist ein Maler.   ☐ Leo wohnt in einem Altenheim.
☐ Leo kann boxen.   ☐ Leo ist jung und gesund.
☐ Leo will die Tabletten nicht nehmen.

3 **Lies**, wie das Theaterstück weitergeht.

JOJO: Guten Tag! Ich soll dein Zimmer streichen. Glückwunsch, dass es ausgerechnet dich erwischt hat. Freu dich schon einmal, das nächste Mal wird in 100 Jahren gestrichen. Wer weiß, ob du dann
10 noch lebst.
Jojo stellt die Malersachen ab.
Keine Panik. Deine Hausschuhe und die Strickweste bleiben sauber. Du wirst gleich hübsch in Malerfolie verpackt. So kannst du mir beim Streichen zusehen und mich bewundern.
15 *Jojo sieht sich um.*
Die Wand hier ist ganz gut zum Streichen.
Leo dreht sich um und sieht Jojo an.
Was guckst du mich denn so an? Bin ich etwa dein erster Besucher seit dem Krieg? Glaub bloß nicht, dass ich das hier mache, weil ich
20 Menschen mag. Sehe ich aus wie jemand, der ein Herz für alte Leute hat?
Jojo raucht. Leo sieht Jojo an. (verändert)

4 Was soll Jojo in Leos Zimmer tun? **Unterstreiche** den Satz, in dem er seine Aufgabe nennt.

5 Wie wirkt Jojos Verhalten auf dich? **Kreuze an.**

☐ mutig ☐ frech ☐ cool ☐ unfreundlich ☐ nett

6 **Lies** die Lernbox.

> **Regieanweisungen, Monolog und Dialog**
> In **Regieanweisungen** steht, was die Schauspielerinnen und Schauspieler auf der Bühne machen sollen. Sie beschreiben Bewegungen und das Verhalten der Figuren oder die Ausstattung. Regieanweisungen sind in Theaterstücken oft *schräg* gedruckt.
> **VERA** *(fasst sich an den Kopf):* Stimmt, du hast recht!
> Bei einem **Dialog** sprechen zwei oder mehr Figuren miteinander.
> Bei einem **Monolog** spricht eine Figur alleine.

Das kannst du dir merken

7 **Markiere** in dem Auszug die Regieanweisungen durch senkrechte Striche am Rand.

8 Handelt es sich bei dem Auszug um einen Monolog oder einen Dialog? **Kreuze an.**

☐ Auszug 1 ist ein Dialog. ☐ Auszug 1 ist ein Monolog.

9 Was denkt Jojo über Leo, als er das Zimmer betritt?
Vervollständige die Chatnachricht aus Jojos Sicht.

Besuch •
ganz richtig
im Kopf •
langweilig

> Der alte Mann ist bestimmt nicht mehr _____
> _____. Ich finde ihn _____,
> er sagt ja kein Wort. Warum guckt er mich so an? Bestimmt
> hat er lange keinen _____ mehr gehabt.

10 Warum stimmt es nicht, was Jojo über Leo denkt?
Vervollständige die Chatnachricht an Jojo.

fit • geboxt •
geheimnis-
voll •
Tabletten

> Leo ist anders, als du denkst. Bevor du ins Zimmer ge-
> kommen bist, hat er seine _____ aus dem
> Fenster geworfen. Außerdem hat er ein paar Mal in die
> Luft _____. Er ist also noch _____ und
> irgendwie _____.

So geht es weiter! – Beziehungen und Konflikte in der ersten Szene untersuchen

1   Jojo hat angefangen, Leos Zimmer zu streichen. **Lies**, wie es weitergeht.

Das Herz eines Boxers, 1. Szene (Auszug 2)
Jojo raucht. Leo sieht Jojo nur an und schweigt.
JOJO: Das ist übrigens eine Zigarette in meinem Mund. Gab's das früher noch nicht, als du noch in Freiheit gelebt hast? Findest du mich faul und unverschämt? Ich will keine Rentnersprüche von dir
5   hören, sondern nur in Ruhe meine Arbeit fertig machen. Es ist mir scheißegal, ob die Menschen früher fleißiger gearbeitet haben. Ich kriege kein Geld für diese Arbeit und mache sie nur, weil ich eine Strafe bekommen habe.
Leo sieht Jojo an. Stille.
10   Was starrst du mich denn so an? Ich habe das nicht so gern, das macht mich nervös. Vielleicht streiche ich dann deinen kackbraunen Stuhl aus Versehen weiß an. Guck weg, habe ich gesagt!
Wenn du Spaß daran hast, bringe ich dir auch gerne Sprechen bei. So einfache Grundwörter wie: ja, nein, bitte, danke, cool.
15   *Jojo nimmt den Pinsel, steigt auf die Leiter.*
Oh Scheiße, ich habe die Farbe vergessen. Sag mal, Kumpel, kannst du mir mal den Eimer hochgeben?
Leo steht langsam auf. Er gibt Jojo den Farbeimer, hält ihn dabei schräg.
Hey, pass auf, der Eimer kippt gleich.
20   *Die Farbe läuft Jojo über die Füße.*
Sag mal, bist du bescheuert?   (verändert)

Digital+
Audio
WES-127536-014

2   Warum kippt Leo Jojo die Farbe über die Füße? **Kreuze an.**

☐ Leo ist ungeschickt, weil er so alt ist.
☐ Leo will Jojo ärgern, weil Jojo unverschämt zu ihm ist.

3   Was erfährst du in diesem Auszug über Jojo? **Umkreise** in dem Text jeweils die richtigen Wörter.

Jojo muss im Altenheim arbeiten, weil er eine **Strafe/Belohnung** bekommen hat. Jojo verhält sich **frech/liebenswürdig** gegenüber Leo. Er **lobt/beleidigt** Leo und **gibt ihm Befehle/macht ihm Komplimente**. Wahrscheinlich denkt Jojo, dass Leo ein **mutiger/hilfloser** alter Mann ist und nicht mehr **klar denken/auf die Leiter klettern** kann.

4 **Beantworte** die Fragen zu den Auszügen auf Seite 67 und 69.

a) Wo spielt die Handlung?

_____

b) Wie ist die Situation am Anfang der Handlung?

Jojo muss im _____ arbeiten, weil er eine

_____ bekommen hat. Er soll das Zimmer von Leo

_____.

c) Welche Figuren kommen vor?

_____

d) Wie ist die Beziehung zwischen den beiden Figuren?

Jojo verhält sich _____ gegenüber Leo. Wahrscheinlich

denkt Jojo, dass Leo ein _____ alter Mann ist

und nicht mehr klar _____ kann. Dann kippt Leo Jojo

_____ über die Füße.

e) Um welches Thema geht es in dem Theaterstück? **Kreuze an.**

☐ ein Praktikum in einem Altenheim
☐ ein Boxkampf zwischen einem jungen und einem alten Mann
☐ die Beziehung zwischen einem jungen und einem alten Mann

**Das kannst
du dir merken**

Der erste Teil eines Theaterstückes (die Exposition)
Den ersten Teil eines Theaterstückes nennt man **Exposition**.
- In der Exposition werden der **Ort** und die **Zeit** der Handlung,
  die **Figuren** sowie die **Situation** am Anfang der Handlung
  vorgestellt.
- Außerdem werden die wichtigen **Themen** und **Konflikte**
  eingeführt.

„Du hast ja richtig Charakter" – die Beziehung der Figuren untersuchen

1 **Lies,** wie das Theaterstück weitergeht.

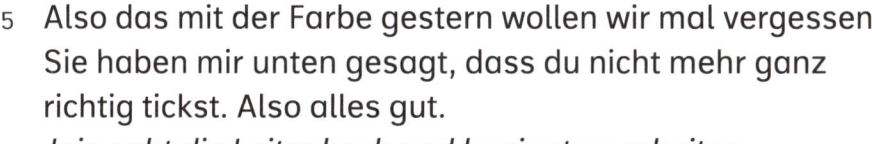

Das Herz eines Boxers, 2. Szene (Auszug 1)
Am nächsten Tag kommt Jojo völlig nass vom Regen herein. Leo sitzt wieder im Sessel und sieht nach draußen. Jojo flucht.
JOJO: Verdammtes Scheißwetter. Hast du mal ein Handtuch?
Leo reagiert nicht.

5 Also das mit der Farbe gestern wollen wir mal vergessen. Sie haben mir unten gesagt, dass du nicht mehr ganz richtig tickst. Also alles gut.
Jojo geht die Leiter hoch und beginnt zu arbeiten.
Leise. So ein Arschloch, so ein verdammtes Arschloch.

10 *Laut.* Ich meine nicht dich.
Er streicht.
Sag mal, musst du ständig schweigen? Alte Menschen reden doch sonst so viel. Hast du keine Geschichten von früher zu erzählen?

15 *Stille.*
Du hältst mich wohl für einen Verbrecher. Für so einen Typ, der nachts loszieht und Rentner erschreckt. Dann halt jetzt mal dein Gebiss fest: Ich habe den Roller gar nicht geklaut. Da staunst du, was? Ich habe behauptet, dass ich es war, um einen anderen Typ zu schützen. Der

20 wäre sonst ins Gefängnis gekommen, weil er vorbestraft ist. Echt nett von mir, was?
Er streicht.
Und jetzt gibt dieser Typ überall an, weil ich Idiot für ihn die Strafe auf mich genommen habe. Da habe ich ein tolles Geschäft gemacht,

25 was? Ich bin ein Idiot, der einem anderen Idioten das Zimmer streicht. Kostenlos und bei Regen.
Er streicht. Leo dreht sich um, sieht Jojo an.
LEO: Du hast ja richtig Charakter!
Jojo hört auf zu streichen und sieht Leo an.

30 **JOJO:** Was meinst du damit, dass ich „Charakter" habe? Soll das eine Beleidigung sein?
LEO: Du hast für einen anderen eine Strafe auf dich genommen. Das ist Charakter. Das ist, was man tut für einen Freund. Jetzt hat dich der Freund verraten. Die Welt ist schlecht.   (verändert)

Digital+
Audio
WES-127536-015

2 Was passiert am Anfang der Szene? **Vervollständige** die Lückensätze.

Jojo kommt am nächsten Tag ins Zimmer und ist _____

vom Regen. Leo sitzt im _____ und sieht nach draußen.

3 Jojo erzählt Leo, warum er die Arbeit in dem Altenheim machen muss. Was erzählt er darüber? **Vervollständige** die Lückensätze.

Jojo sagt, dass er den Roller gar nicht _____ hat. Er

hat das nur gesagt, um einen anderen Typ zu _____.

4 Am Ende spricht Leo zum ersten Mal mit Jojo. **Schreibe** den Satz **auf**, den Leo sagt.

_____

5 Was bedeutet die Aussage von Leo? **Kreuze an.**

☐ Leo macht sich lustig über Jojo.
☐ Leo lobt Jojo, weil er eine Strafe für einen anderen auf sich nimmt.
☐ Leo findet Jojo faul und unverschämt.

6 Wie entwickelt sich die Beziehung zwischen Jojo und Leo? **Vervollständige** den Lückentext mithilfe des Wortspeichers.

Charakter •
spricht •
geschwie-
gen •
Strafe

Am ersten Tag hat Leo die ganze Zeit _____.

Am zweiten Tag erzählt Jojo, dass er die _____

für einen anderen Typ auf sich nimmt. Daraufhin _____

Leo zum ersten Mal. Leo lobt Jojos _____.

7 Warum ist das Ende des Auszugs ein Wendepunkt in der Handlung? **Kreuze an.**

☐ Leo fängt an Jojo zu beleidigen.
☐ Jojo und Leo fangen an sich zu unterhalten.
☐ Jojo hört auf das Zimmer zu streichen.

8　**Lies,** wie das Gespräch zwischen Jojo und Leo weitergeht.

Das Herz eines Boxers, 2. Szene (Auszug 2)

JOJO: Der andere Typ war nie mein Freund.

LEO: Ist sie ein schönes Mädchen?

JOJO: Was soll der Scheiß denn jetzt? Ich habe kein Wort von einem Mädchen gesagt!

5　**LEO:** Das muss dir nicht peinlich sein.

JOJO: Was rede ich denn überhaupt mit dir? Ich brauche keine Lebensberatung von einem Bekloppten.

LEO: Du wolltest ein Held sein, damit dein Mädchen dich liebt. Und du hast eine gute Tat begangen. Es

10　bleibt eine gute Tat, auch wenn dich jetzt alle für einen Trottel halten. Du musst stolz darauf sein. Und wenn dein Mädchen nicht blöd ist, ist sie auch stolz auf dich.

Digital+
Audio
WES-127536-016

JOJO: Hör mal, das ist kein Liebesfilm. So denkt sie

15　nicht.

LEO: Wie denkt sie denn?

JOJO: Das wüsste ich auch gerne. Ich kenne sie kaum.

LEO: Na, und da wolltest du sie als großer Held beeindrucken. Das ist eigentlich eine gute Idee.

20　**JOJO:** Das ist doch vollkommen bescheuert, oder?

LEO: Du solltest zu ihr gehen und mit ihr sprechen.

JOJO: Tolle Idee, dass ich da nicht selbst draufgekommen bin. Ich gehe einfach hin und sage: Hier bin ich, dich habe ich unter Millionen Frauen ausgesucht.

25　**LEO:** Kauf ihr eine Rose.

JOJO: Wie?

LEO: Das sind diese roten Blumen mit den Dornen am Stiel. Leg sie ihr vor die Tür.　　　　　　　　　　　　　(verändert)

9　Welche Aussagen über die Beziehung zwischen Jojo und Leo treffen zu? **Kreuze an.**

☐ Jojo interessiert sich immer weniger für Leo.

☐ Jojo und Leo sprechen immer freundschaftlicher miteinander und reden sogar über das Verliebtsein.

☐ Jojo spricht am Ende der Szene respektvoller mit Leo als am Anfang.

☐ Leo hält gar nichts von Jojo und spricht respektlos mit ihm.

Sprechen und Zuhören

 1 **Lies** das Gespräch zwischen Jojo und Leo still für dich.

Das Herz eines Boxers, 3. Szene (Auszug 1)
Jojo findet in Leos Zimmer alte Zeitungen. Er liest daraus vor.
JOJO: Gestern Abend hat Leo, der rote Löwe, im Sportpalast den Kampf gegen Kid Sanchez gewonnen.
Jojo sieht Leo an.
5 **JOJO:** Sag mal, bist du das?
LEO: Ja, warum?
JOJO: Leo, der rote Löwe: Du warst richtig berühmt!
LEO: Ich hatte keinen Job und kein Geld. | Was hätte ich denn machen sollen? Von irgendwas <u>musste</u> ich ja leben! | Damals haben alle
10 geboxt, die ganze Stadt war <u>verrückt</u> danach. Die Boxer waren <u>richtige Stars</u>. | Aber dann kam der <u>Krieg</u> und ich wurde Soldat. Als der Krieg vorbei war, bin ich zum Zirkus gegangen. Dort habe ich wieder geboxt. | Das ist kein leichtes Leben, wenn man ein friedlicher Mensch ist.
JOJO: Du warst ein richtiger Held!
15 **LEO:** Ich habe nur mein Leben lang versucht durchzukommen. Weißt du: Ich schlage mich nicht gerne. Ein richtiger Boxer hat ein so großes Herz, dass er niemanden hassen kann. Er schlägt zu, aber nicht aus Hass. Manchmal geht er k. o. und liegt am Boden. Aber dann steht er wieder auf. (verändert)

📱 Digital+
Arbeitsblatt
WES-127536-017

 2 **Lies** die Zeilen 8 bis 13, in denen Leo spricht, laut **vor**. Achte auf die Markierungen.

 3 Bereite die Zeilen 15 bis 19, in denen wieder Leo spricht, für das szenische Lesen vor. **Markiere** Pausen und Stellen, die du besonders betonen willst. Du kannst das Arbeitsblatt nutzen.

 4 **Lies** die Zeilen 15 bis 19 laut **vor**. Achte auf deine Markierungen.

Einen Text für das szenische Lesen vorbereiten
- Lege fest, wo du **Pausen** machen und welche Wörter du besonders **betonen** willst. **Markiere** diese Stellen:
  | Pause _____ besonders betonen
- Übe das Vortragen des Textes. Sprich dabei **deutlich** und **langsam**. Passe deine Sprechweise an die **Gefühle** der Figur an.

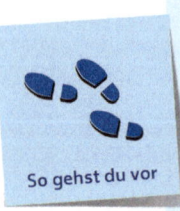
So gehst du vor

Alles klar? – Teste dich selbst!

1 **Lies,** wie das Gespräch zwischen Jojo und Leo weitergeht.

Das Herz eines Boxers, 3. Szene (Auszug 2)
JOJO: Aber wenn man so richtig zuschlagen kann, ist man doch der Größte.
LEO: Aber ich sage dir doch, ich schlage mich nicht gern. Nur im Ring.
JOJO: Hast du dich nie mit einem anderen geprügelt?
5 *Leo räuspert sich.*
LEO: Doch, einmal. Ich war vorher in einem Heim, in dem ich mich richtig wohlgefühlt habe. Na ja, und da habe ich mir einmal in die Hose gemacht. Das war mir sehr peinlich. Und da war dieser Pfleger, ich konnte ihn nie leiden. Er holt die Wäsche ab und merkt, dass ich
10 mir in die Hose gemacht habe. Da brüllt er, sodass alle es hören können: „He Leo, wird wohl langsam Zeit für die Windeln." Ich habe zugeschlagen und er ging sofort zu Boden. Ich hätte das nicht tun dürfen. Es war falsch.
Stille. Jojo sieht ihn bewundernd an.
15 **JOJO:** Zeig mir, wie man boxt.
LEO: Du willst ein Held sein, es ist besser, wenn du es nicht weißt.

Digital+
Audio
WES-127536-018

2 Handelt es sich bei dem Auszug um einen Monolog oder einen Dialog? **Kreuze an.**

☐ Monolog ☐ Dialog

3 Warum hat sich Leo mit dem Pfleger geschlagen? **Kreuze an.**

☐ Der Pfleger hat sich über Leo lustig gemacht.
☐ Leo wollte gern mal wieder boxen.

4 Welche Aussagen über die Beziehung zwischen Jojo und Leo treffen zu? **Kreuze an.**

	richtig	falsch
Nachdem Leo die Geschichte mit dem Pfleger erzählt hat, bewundert Jojo Leo.	☐	☐
Jojo macht Leo Vorwürfe, weil er den Pfleger geschlagen hat.	☐	☐
Jojo war am Anfang genauso respektlos zu Leo wie der Pfleger. Jetzt hat Jojo Respekt vor Leo.	☐	☐

75

Und sie fragen, warum …? – Sich mit Songtexten auseinandersetzen

  Lies die Textauszüge aus drei Songs.

> Es gab dort genug für alle
> und alle waren sich genug,
> keine Depressionen und kein Selbstbetrug.
> Niemand musste dort im Mittelmeer ersaufen,
> niemand schlief im Winter auf Asphalt. [...]
> Das war das Paradies, Paradies, Paradies [...].
> **Bosse: „Das Paradies" (2020)**

> Absolute Wahnsinnsshow,
> im Fernseh'n und im Radio [...]
> Was hat er gerade gesagt? An so 'nem normalen Sonntag
> passiert auf bestialische Art ein ganz brutaler Anschlag?!
> [...]
> Diese entsetzlichen Taten lassen mich jetzt nicht schlafen
> und ich seh's noch genau, das Bild im TV.
> **Fettes Brot: „An Tagen wie diesen" (2005)**

> Ich glaub ich lag am See, als der Klimawandel kam.
> Man fuhr noch mal nach Hamburg, noch mal nach Amsterdam,
> eine letzte Kreuzfahrt, noch mal Pinguine live.
> **Das Lumpenpack: „Warm im Altenheim" (2021)**

  Ordne den Textauszügen Themen **zu.**

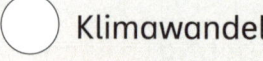 Klimawandel   schlimme Nachrichten   ◯ eine Welt ohne Probleme

In diesem Kapitel lernst du
• den Inhalt von Songs zu verstehen und wiederzugeben und
• sprachliche Bilder in Songs zu erkennen und zu verstehen.

Das lernst du in diesem Kapitel

„Der Song handelt von …" – einen Songtext lesen und verstehen

1 Der folgende Song heißt „Das Paradies". Wie stellst du dir das Paradies vor? **Unterstreiche** in Grün, <u>was es dort gibt</u>, und in Rot, <u>was es dort nicht gibt</u>.

Glück • Hunger • Lügen • Frieden • Gerechtigkeit • Angst • Traurigkeit • Ungleichheit • Zufriedenheit • Gewalt • Obdachlosigkeit • Liebe • Tod

2 **Lies** den Auszug aus dem Songtext.

Bosse
Das Paradies
Es gab dort genug für alle   Strophe 1
und alle waren sich genug,
keine **Depressionen*** und kein Selbstbetrug.   * große Traurigkeit
Niemand musste dort im Mittelmeer ersaufen,
5 niemand schlief im Winter auf Asphalt.
[…]
Keine Schubladen, alle Chancen waren gleich,
die Leute dort waren glücklich und nice.
Am Eingangstor stand „**Peace***",   * Frieden
10 komm rein und genieß!
Die Luft dort war klar,
der Himmel türkis.

Das war das Paradies, Paradies, Paradies,   Refrain
in meinem Traum.
15 Ich war im Paradies, Paradies, Paradies,
bitte weck mich nicht auf!
Da war's ideal,
weil einfach niemand verloren, kaputt oder einsam war.
Da war's genial,
20 weil einfach niemand ein Arschloch war.   (2020)

3 Worum geht es in dem Song? **Vervollständige** den folgenden Satz.

In dem Song _____ von _____

träumt jemand davon, dass er im _____ ist.

4 **Markiere** in der ersten Strophe Textstellen, an denen steht, dass es die folgenden Dinge im Paradies <u>nicht</u> gibt. Verwende die passenden Farben.

Traurigkeit · Lügen · Tod · Obdachlosigkeit · Ungleichheit

5 Was gibt es alles in dem Paradies des Songs? **Kreuze an.**

☐ Zufriedenheit ☐ Reiche und Arme ☐ genug (Essen) für alle
☐ Frieden ☐ Krieg ☐ saubere Luft ☐ Klimawandel
☐ glückliche, nette Menschen

6 **Vervollständige** den Lückentext zum Inhalt des Songtextes.

In der ersten Strophe wird deutlich, dass es in dem Paradies

viele schlechte Dinge **nicht** gibt. Zum Beispiel: _____

_____

Stattdessen gibt es in dem Paradies viele gute Dinge. Zum Beispiel:

_____

_____.

Im Refrain wird deutlich, dass es dieses Paradies nur in

_____ gibt.

7 Wie viele Verse hat der Refrain des Songs? **Kreuze an.**

☐ 6 Verse ☐ 8 Verse ☐ 11 Verse

Strophen, Verse, Refrain – wichtige Begriffe
- Eine **Strophe** ist ein Abschnitt eines Songs oder Gedichts. Längere Gedichte oder Songs haben meistens mehrere Strophen. Jede Strophe hat mehrere **Verse** (= Textzeilen).
- Der Begriff **Refrain** kommt aus dem Französischen und bedeutet „wiederholen". Ein Refrain ist der Teil eines Songs, der mehrfach wiederholt wird.

Das kannst du dir merken

Schreiben

1 **Schreibe** die Angaben für die Einleitung zu einer Inhaltsangabe zum Song „Das Paradies" **auf.** Du findest die Informationen auf Seite 77.

Titel des Songs: _____

Textsorte: _____

Name des Künstlers: _____

Erscheinungsjahr: _____

2 **Vervollständige** die Einleitung zur Inhaltsangabe.

In dem Song „_____" von dem Künstler

_____ aus dem Jahr _____ geht es darum:

Jemand träumt davon, dass er im _____ ist.

3 Ein Schüler hat eine Inhaltsangabe zur ersten Strophe des Songs „Das Paradies" geschrieben. **Lies** den Text.

In der ersten Strophe wird deutlich, dass es in dem Paradies viele schlechte Dinge nicht gibt. Zum Beispiel: <u>Freude</u>, <u>Ehrlichkeit</u>, <u>Gleichheit</u>. Stattdessen gibt es in dem Paradies viele gute Dinge. Zum Beispiel: <u>Unzufriedenheit</u>, <u>Krieg</u>, <u>unglückliche Menschen</u>.

4 Die Inhaltsangabe enthält einige Fehler, die rot unterstrichen sind. **Schreibe** den Text in dein Heft und verbessere dabei die Fehler.

Den Inhalt eines Songs wiedergeben
So gibst du den **Inhalt eines Songs** wieder:
- In der **Einleitung** nennst du die **Textsorte** (z. B. Song), den **Titel** und **den Künstler/die Künstlerin** sowie das **Erscheinungsjahr**. Dann beschreibst du in ein oder zwei Sätzen, worum es in dem Song geht.
- Im **Hauptteil** gibst du den Inhalt der einzelnen Strophen und des Refrains mit **eigenen Worten** wieder.

So gehst du vor

Absolute Wahnsinnsshow – einen Songtext erschließen

 1 Im Song „An Tagen wie diesen" geht es um schlechte Nachrichten. Wie geht es dir, wenn du über die Medien schlechte Nachrichten mitbekommst? **Kreuze an.**

☐ Es macht mich traurig, wenn es anderen Menschen schlecht geht.
☐ Es ist mir egal, wenn irgendwo auf der Welt schlimme Dinge passieren.
☐ Ich überlege, was ich tun oder wie ich helfen kann.

 2 **Lies** die erste Strophe des Songtextes.

Fettes Brot

An Tagen wie diesen

Moin, moin! Was geht?
Alles klar bei dir? Wie spät?
Gleich neun – okay!
Will mal eben los, Frühstück holen geh'n.
5 Schalt den **Walkman*** an, zieh' die Haustür ran,
lauf die Straße entlang bis zum **Kaufmannsladen***,
denn da gibt's die allerbesten Brötchen weit und breit.
Kann am **Tresen*** kurz mal lesen, was die Zeitung schreibt:
Irgendwas von 'nem Großangriff, unzählige Bomben auf kleine Stadt,
10 viele Menschen ums Leben gekommen und dem Erdboden gleich gemacht,
in nur einer Nacht.
Ich zahl' und verlasse den Bäcker, hör' noch den Nachrichtensprecher:
„Lage noch mal dramatisch verschlechtert, heute fantastisches Wetter!"
Plötzlich gibt's 'n Knall, tausend Scherben überall,
15 die Nachbarskatze hat's erwischt, bei 'nem Verkehrsunfall.
Der Anblick kann einem echt die Laune verderben.
Was fällt diesem Mistvieh ein, hier genau vor meinen Augen zu sterben?

* Gerät zum Musikhören
* kleines Geschäft
* Verkaufstisch

 3 Welche schlechten Nachrichten stehen in der Zeitung? **Markiere** die Nachrichten im Songtext.

 4 Was passiert am Ende der Strophe und wie reagiert das Ich darauf? **Vervollständige** die Lückensätze.

Bei einem _____ wird eine _____ überfahren.

Das Ich bekommt deshalb schlechte _____.

5 **Lies** den Refrain des Songs.

Absolute Wahnsinnsshow
im Fernseh'n und im Radio.
20 Die Sonne lacht so schadenfroh
an Tagen wie diesen.
Niemand, der mir sagt, wieso,
beim Frühstück oder Abendbrot.
Die Fragen bohr'n so gnadenlos
25 an Tagen wie diesen.

6 Der Refrain enthält sprachliche Bilder. Lies die Lernbox und
unterstreiche im Refrain die Personifikationen.

Sprachliche Bilder

In Songs kommen oft **sprachliche Bilder** vor. Zum Beispiel:

- **Metaphern,** bei denen ein Ausdruck aus einem Bereich in
  einen anderen Bereich übertragen wird.
  Zum Beispiel: Die Welt ist im Eimer.
- **Personifikationen,** bei denen Tiere oder Dinge etwas tun, das
  eigentlich nur Menschen können. Zum Beispiel: Die Zeit rennt.

Das kannst
du dir merken

7 **Lies** den Anfang der zweiten Strophe, in der das Ich noch mehr
schlechte Nachrichten mitbekommt.

Eine Million bedroht vom Hungertod nach Schätzungen der **UNICEF***, * Kinderhilfswerk
Während ich grad gesundes Obst zerhäcksel' in der **Moulinex***. * Mixer
Seh' ein Kind, in dessen traurigen Augen 'ne Fliege sitzt,
weiß, dass das echt grausam ist, doch Scheiße Mann, ich fühle nix!
30 Was ist denn bloß los mit mir, verdammt, wie ist das möglich?
Vielleicht hab ich's schon zu oft gesehen, man sieht's ja beinah' täglich.
[...]   (2005)

8 Wie reagiert das Ich auf die schlechten Nachrichten? **Kreuze an.**

☐ Das Ich wird wütend, weil auf der Welt Kinder hungern.
☐ Das Ich hat keine Gefühle, als es von den hungernden Kindern
erfährt.

9 Warum hat das Ich beim Tod der Katze anders reagiert?
Schreibe eine Vermutung in dein Heft.

Alles klar? – Teste dich selbst!

1 Im Song „Warm im Altenheim" geht es um den Klimawandel. Von welchen Folgen des Klimawandels hast du schon gehört? **Kreuze an.**

☐ Das Eis an den Polen schmilzt und die Tiere dort sind bedroht.
☐ Die Temperaturen steigen und es wird wärmer.
☐ Es gibt mehr Trockenheit.

2 **Lies** den Anfang des Songs.

Das Lumpenpack
Warm im Altenheim
Ich glaub ich lag am See, als der Klimawandel kam. Strophe 1
Man fuhr noch mal nach Hamburg, noch mal nach Amsterdam.
Eine letzte Kreuzfahrt, noch mal Pinguine live.
Da sahen wir, es kommt, drum ha'm wir uns beeilt.

5 Jetzt ist ...

Mitte März, 30 Grad, Refrain
ich creme meine Falten ein.
Neues Herz, weißes Haar,
es wird warm im Altenheim.
10 Ganz im Ernst, muss da Land
zwischen Meer und Alpen sein?
Mitte März, ich will Strand,
denn es wird warm im Altenheim.

Ich lag auf meinem Handtuch, um mich rum, da wuchs Strophe 2
der Strand.
15 Ein seltsames Gefühl, als die Sonne nicht mehr sank.
Als der Regen nicht mehr fiel, war das auch schon ganz egal.
* Gesichtsfarbe   Die Welt total im Eimer, doch der **Teint* phänomenal****.
** toll   Noch ein letztes Foto, auf dem endlich was passiert.
Grelle Farben, liebe Grüße vom Untergang und mir!
20 Dann blieb nichts mehr zu tun und das hieß in Konsequenz:
* Altenheim   Eine möglichst hoch gelegene **Seniorenresidenz***. (2021)

3 Welche in Aufgabe 1 genannten Folgen des Klimawandels kommen im Song vor? **Markiere** die Textstellen.

4 Worum geht es in dem Song? **Vervollständige** den folgenden Satz.

Der Song „_____" handelt davon,

wie ein Ich auf den _____ reagiert hat.

5 **Ordne** den Aussagen in der linken Spalte die passenden Verse **zu.**

A Das Ich ist gerade in einem Altenheim.	**1** „Ich glaub ich lag am See, als der Klimawandel kam." (Vers 1)
B Das Ich erinnert sich zurück an die Zeit, in der der Klimawandel begonnen hat.	**2** „Jetzt ist ... Mitte März, 30 Grad, ich creme meine Falten ein." (Verse 5–7)
C Der Song spielt in der Zukunft.	**3** „Neues Herz, weißes Haar, es wird warm im Altenheim." (Verse 8–9)

6 Welche Bedeutung hat das sprachliche Bild „Die Welt total im Eimer" (Vers 17)? **Kreuze an.**

☐ Die Welt ist überschwemmt. ☐ Die Welt ist völlig kaputt.

7 Um was für ein sprachliches Bild handelt es sich bei „Die Welt total im Eimer" (Vers 17)? **Kreuze an.**

☐ Personifikation ☐ Metapher

8 **Vervollständige** den Lückentext zum Inhalt des Songtextes.

In der ersten Strophe erinnert sich das Ich zurück an die Zeit,

als der _____ begonnen hat. Das Ich hat noch

schnell einige _____ unternommen. In der zweiten

Strophe beschreibt das Ich, wie es auf der Welt immer

_____ wurde. Die Welt ging kaputt,

aber das Ich fühlte sich wie im _____. Im Refrain

wird deutlich, dass der Song in der _____ spielt.

Reisen •
wärmer und
trockener •
Zukunft •
Klimawandel •
Urlaub •
Reisen

„Ich spreche viele Sprachen!" – Über Sprache(n) nachdenken

 1 Die Schülerinnen und Schüler der Klasse 8c sprechen darüber, mit welchen unterschiedlichen Sprachen sie es im Alltag zu tun haben. **Lies** ihre Aussagen.

1 Finn: Ich komme aus Berlin. Hier sagt man „knorke" statt „prima". Es klingt in Berlin auch manchmal anders, wenn die Menschen Deutsch sprechen.

2 Lina: Wenn ich mit meinen Freunden spreche, verwenden wir Wörter wie „yallah" oder „cringe". Meine Eltern verstehen vieles davon nicht.

3 Luis: Ich bin in Deutschland geboren. Meine Großeltern kommen aus der Türkei. Mit ihnen spreche ich Türkisch. Ich würde gerne besser Türkisch sprechen können.

2 Von welchen Erfahrungen berichten die Schülerinnen und Schüler? **Ordne** die Sprechblasen den Themen **zu**.

( ) Mehrsprachigkeit   ( ) Jugendsprache   ( ) Dialekt

3 Welche Sprachen sprichst du? **Schreibe auf.**

_____

4 **Schreibe** deine drei Lieblingswörter aus der Jugendsprache **auf**.

_____

Das lernst du in diesem Kapitel

In diesem Kapitel lernst du
- Vorteile von Mehrsprachigkeit kennen,
- dich mit Fremdwörtern auseinanderzusetzen und
- Fremdwörter richtig zu schreiben.

Ich kann ... – über Mehrsprachigkeit nachdenken

1 **Erstelle** dein eigenes Sprachprofil.

    a) **Schreibe** in die linke Spalte alle Sprachen, die du sprichst.
    b) **Kreuze an,** wo du die Sprachen jeweils gelernt hast.

Sprache	Die Sprache habe ich gelernt ...		
	... in meiner Familie	... in der Schule	... in einem anderen Land
	☐	☐	☐
	☐	☐	☐
	☐	☐	☐

2 **Lies** den Text.

Mehr Mehrsprachigkeit
Etwa die Hälfte der Menschen auf der Welt spricht mehr als eine
Sprache. Lange Zeit galt es als Nachteil, wenn Schülerinnen und
Schüler zu Hause eine andere Sprache sprechen als in der Schule.
Die Vorteile der Mehrsprachigkeit wurden nur wenig gesehen.

5 Seit einigen Jahren denkt man anders darüber. Studien zeigen,
dass Mehrsprachigkeit auch Vorteile hat. Menschen, die mehr als
eine Sprache sprechen, sind meistens offener für Neues. Außerdem
können sie sich besser an neue Situationen anpassen: Sie sind
flexibler. Sie können sich auch besser etwas merken als Menschen,
10 die nur eine Sprache sprechen.
Und es gibt noch weitere Vorteile: Wenn ein Mensch mehr als eine
Sprache spricht, kann er meistens neue Sprachen leichter lernen.
Das hilft zum Beispiel beim Reisen in andere Länder. Oder man kann
einen Beruf wählen, für den man Fremdsprachen braucht.
15 Interessant ist: Wenn man einen Dialekt spricht, hat man ähnliche
Vorteile wie durch Fremdsprachen. Mehr als eine Sprache zu
sprechen ist also eine wertvolle Fähigkeit!

3 Was dachte man früher über Mehrsprachigkeit? **Kreuze an.**

☐ Mehrsprachigkeit ist ein Vorteil.
☐ Mehrsprachigkeit ist ein Nachteil.
☐ Es ist egal, wie viele Sprachen man spricht.

4 **Umkreise** in der Wortwolke alle vier Vorteile von Mehrsprachigkeit, die im Text genannt werden.

schlechtere Aussprache

offener für Neues

Probleme beim Reisen

Schwierigkeiten bei der Arbeit

vergesslicher

Vorteile von Mehrsprachigkeit

Angst vor Neuem

flexibler

neue Sprachen leichter lernen

Benachteiligung in der Schule

besser etwas merken

5 Was wird im Text über <u>Dialekte</u> gesagt? **Vervollständige** den Satz.

Wenn man einen Dialekt spricht, ... _____

_____ .

6 **Schreibe** einen Tagebucheintrag darüber, welche Sprachen du gelernt hast. Erkläre dabei, was daran gut ist und was du nicht so gut findest. Du kannst Vorteile aus Aufgabe 4 nennen.

Liebes Tagebuch,

ich habe über Mehrsprachigkeit nachdacht. Ich spreche folgende Sprachen:

_____. Durch meine Sprach-

kenntnisse habe ich oft den Vorteil, dass _____

_____

_____ .

Manchmal ist es ein Nachteil, dass_____

_____ .

Sprint, Technik, Kredit ... – sich mit Fremdwörtern auseinandersetzen

1 **Lies** den Text über Fremdwörter.

Fremdwörter

Ein Fremdwort ist ein Wort, das aus einer anderen Sprache übernommen wird. Es wird anders geschrieben oder ausgesprochen als ein Wort in der eigenen Sprache. Fremdwörter in der deutschen Sprache sind zum Beispiel „Manager" und „Computer". Diese
5 Wörter kommen aus dem Englischen. Wenn man Fremdwörter richtig schreiben und aussprechen will, muss man sie lernen.
Fremdwörter haben den Vorteil, dass man sich genauer ausdrücken kann. Wenn man ein schönes Erlebnis hat, kann man das zum Beispiel mit Wörtern wie „cool", „super" oder „mega" besonders
10 betonen. Viele Fremdwörter werden als Fachbegriffe benutzt, um etwas genau zu benennen. „Bronchitis" ist zum Beispiel ein Fachbegriff für einen schweren Husten.
Fremdwörter werden häufig für neue Dinge verwendet, für die es im Deutschen noch keinen Begriff gibt. Infolge der technischen
15 Entwicklung sind viele englische Wörter ins Deutsche übernommen worden: zum Beispiel „Computer" und „Website". Mit der Digitalisierung wurden auch viele Begriffe übernommen, die im Internet häufig gebraucht werden: zum Beispiel „Beauty", „Fashion" oder „Influencer".

2 **Beantworte** in deinem Heft die folgenden Fragen zum Text.

a) Was ist ein Fremdwort?
b) Welchen Vorteil haben Fremdwörter?
c) Wofür werden viele Fremdwörter verwendet?

3 Im Text werden mehrere Beispiele für Fremdwörter genannt. **Ordne** die Fremdwörter den passenden Bedeutungen **zu**.

Führungskraft: _____

sehr gut (3 Wörter): _____

_____

Seite im Internet: _____

Mode: _____

Rechner: _____

schwerer Husten: _____

Schönheit: _____

Person, die in den sozialen Medien viele Menschen

erreicht: _____

87

Schreiben

1 **Ersetze** die unterstrichenen Wörter und Wortgruppen durch ein passendes Fremdwort aus dem Wortspeicher.

Dialekt •
• E-Mail •
korrekt

A Ich schreibe am Computer eine <u>elektronische Nachricht.</u>

_____

B Ich kann schon viele Fremdwörter <u>richtig</u> schreiben.

_____

C In manchen Gegenden Deutschlands wird <u>Mundart</u> gesprochen.

_____

2 **Übe** die Rechtschreibung der Fremdwörter aus Aufgabe 1 so, wie es in der Methodenbox beschrieben wird.

3 **Streiche** die falsche Schreibweise **durch**.

Influencer (**S**)	Influenzer (**T**)
Menetscher (**U**)	Manager (**P**)
Computer (**A**)	Kompjuta (**B**)
Fashion (**ß**)	Fäschen (**H**)

Lösungswort:

____ ____ ____ ____

4 Die Buchstaben hinter den richtig geschriebenen Fremdwörtern ergeben ein Lösungswort. **Schreibe** es **auf**.

So gehst du vor

Sich Merkwörter einprägen
- Suche dir fünf Fremdwörter aus.
- Schreibe die Fremdwörter nach dem **Alphabet geordnet** auf.
- Zerlege die Fremdwörter in ihre **Silben** (Bron chi tis).
- Schreibe die Wörter auf und zeichne die **Umrisse** der Buch-staben nach (Rhythmus).
- Präge dir die Wörter ein und schreibe sie **auswendig auf**. Kontrolliere die Schreibweise und korrigiere Fehler.

Alles klar? – Teste dich selbst!

1 Dein Freund Cem hat Türkisch als erste Sprache gelernt. Oft ärgert sich darüber, dass ihm erst das türkische und nicht das deutsche Wort einfällt. **Schreibe** Cem eine Nachricht, um ihn aufzumuntern. Nenne ihm einen Vorteil seiner Mehrsprachigkeit.

Hallo Cem,

durch deine Mehrsprachigkeit hast du den Vorteil, dass du _____

_____

_____ .

2 **Unterstreiche** die Fremdwörter, die du selbst verwendest.

interessant • surfen • intelligent • die Chance

3 **Ergänze** in den Sätzen passende Fremdwörter aus Aufgabe 2.

A Ich habe ein _____ Buch gelesen.

B Ich _____ oft im Internet.

C Das war eine große _____, aber der Ball ging daneben.

D Dieser _____ Papagei kann sprechen.

4 **Präge** dir die Schreibweise von drei Fremdwörtern auf dieser Seite **ein**.

Schritt 1: Lies das Wort genau.
Schritt 2: Decke das Wort ab.
Schritt 3: Schreibe das Wort in dein Heft.
Schritt 4: Kontrolliere die Schreibweise.
Wenn du einen Fehler gemacht hast: Wiederhole die Schritte 1 bis 4, bis du das Wort fehlerfrei schreiben kannst.

5 **Schreibe** die Wörter aus Aufgabe 4 auswendig **auf**.

_____

„Guten Tag, ich heiße ..." – sich um einen Praktikumsplatz bewerben

 1 Maya, Finn und David sprechen darüber, in welchem Beruf sie ein Praktikum machen wollen. **Lies** ihre Aussagen.

Maya: Mich interessiert ein Praktikum bei der Polizei. Das ist bestimmt spannend.

Finn: Ich möchte gerne in die Pflege. Dort kann man mit Menschen zusammenarbeiten.

David: Ich möchte als Maler arbeiten. Da kann ich kreativ sein und viele Häuser verschönern.

 2 **Schreibe** die Berufe **auf**, für die sich die Jugendlichen interessieren.

_____

 3 Warum interessieren sich die Jugendlichen für diese Berufe? **Unterstreiche** in den Sprechblasen die Gründe.

 4 Was wäre für dich in einem Beruf wichtig? **Kreuze an.**

☐ spannender Berufsalltag
☐ mit anderen Menschen arbeiten
☐ kreativ sein

 5 In welchem Beruf möchtest du ein Praktikum machen? **Schreibe auf.**

_____

Das lernst du in diesem Kapitel

In diesem Kapitel lernst du
- wie du dich um einen Praktikumsplatz bewerben kannst und
- wie du dich telefonisch, per E-Mail oder persönlich mit einem Betrieb in Verbindung setzt.

„Hallo, hier spricht Manja ..." – telefonisch Kontakt mit einem Betrieb aufnehmen

David möchte sein Praktikum bei einem Malerbetrieb machen. Er ruft bei diesem Betrieb an.

> David: Hier spricht David Tigges. Ich suche einen Praktikumsplatz.

1   **Lies** das Telefonat.

○ **Herr Novak:** Malerbetrieb Novak, Sie sprechen mit Herrn Novak.
David: Guten Tag, hier spricht David Tigges.

○ Ich suche einen Praktikumsplatz und mich interessiert der Malerberuf.

5   **Herr Novak:** Guten Tag, Herr Tigges. Wir freuen uns immer, wenn jemand Interesse an einem Praktikum bei uns hat. Um was für ein Praktikum handelt es sich denn?
David: Es ist ein Tagespraktikum für den Berufsfeld-Erkundungstag an unserer Schule. Der Tag soll in der Woche
10   vom 13. bis 17. April stattfinden.
Herr Novak: Das passt gut. Wie alt sind Sie denn? Und auf welche Schule gehen Sie?

○ **David:** Ich bin 14 Jahre alt und besuche die Anne-Frank-Gesamtschule. Zurzeit gehe ich in die 8. Klasse.

15 ○ **Herr Novak:** Vielen Dank für die Informationen. Kommen Sie doch zu einem persönlichen Gespräch bei uns vorbei. Haben Sie morgen um 15 Uhr Zeit?
David: Das passt mir gut.
Herr Novak: Gut, dann sehen wir uns morgen um 15 Uhr.
20 ○ **David:** Ja, bis morgen. Vielen Dank für Ihre Zeit und für das nette Gespräch. Auf Wiedersehen.

Digital+
Audio
WES-127536-019

2   Welche Informationen gibt David Herrn Novak? **Unterstreiche** im Text die Informationen zu den folgenden Punkten.

a) <u>Berufswunsch</u>   c) <u>Zeitraum des Praktikums</u>
b) <u>Art des Praktikums</u>   d) <u>Informationen zu David</u>

3   Das Telefonat hat mehrere Bausteine. **Ordne** dem Telefonat die folgenden Bausteine **zu**.

A Anliegen   **B** kurze Vorstellung   **C** Dank und Verabschiedung

D Begrüßung   **E** Vereinbarung eines Termins für ein Gespräch

Manja interessiert sich für den Beruf der Köchin. Sie ruft in einem Restaurant an, um sich für ein Praktikum zu bewerben.

 4 **Lies** das Telefonat von Manja und dem Chef des Restaurants. Die Sprechblasen sind durcheinandergeraten.

U Ich interessiere mich für den Beruf der Köchin. Ich koche gerne, arbeite gerne im Team und bin körperlich fit.

R Für welchen Beruf interessieren Sie sich denn und warum?

S Ich bin 15 Jahre alt und besuche die 8. Klasse der Schiller-Gesamtschule.

F Können Sie am Freitag um 15 Uhr zu einem Gespräch vorbeikommen?

E Gerne. Dann sehen wir uns am Freitag um 15 Uhr. Soll ich irgendwelche Unterlagen mitbringen?

B Restaurant zum Löwen, Hermann Huber am Telefon.

E Hallo, Herr Huber, ich heiße Manja Wegner und suche einen Praktikumsplatz vom 17. bis 21. November.

F Wie alt sind Sie denn? Und auf welche Schule und in welche Klasse gehen Sie?

D Ja, bis Freitag. Ich wünsche Ihnen noch einen schönen Abend. Auf Wiederhören.

L Bringen Sie bitte einen Lebenslauf mit. Dann alles Gute und bis Freitag, Manja!

 5 **Verbinde** die Sprechblasen in der richtigen Reihenfolge.

 6 Die Buchstaben am Anfang der Sprechblasen ergeben ein Lösungswort. **Schreibe** es auf.

___ ___ ___ ___ ___ ___ ___ ___ ___ ___

 7 **Schreibe** das Telefonat in der richtigen Reihenfolge in dein Heft.

„Sehr geehrter Herr ..." – per E-Mail einen Betrieb kontaktieren

1 Selma möchte ein Praktikum als Maurerin machen. Sie schreibt daher eine E-Mail an einen Maurerbetrieb. **Lies** die E-Mail.

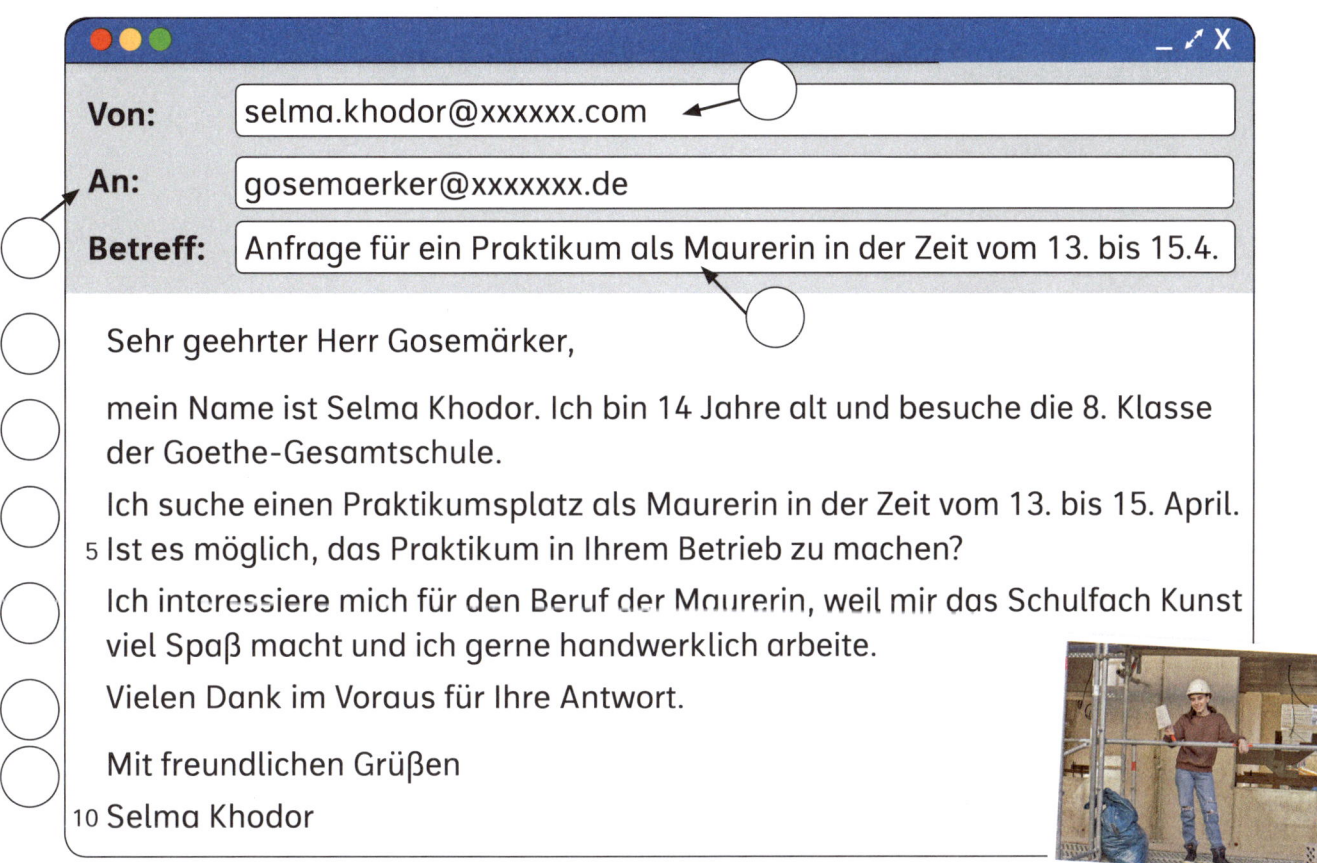

Von: selma.khodor@xxxxxx.com

An: gosemaerker@xxxxxx.de

Betreff: Anfrage für ein Praktikum als Maurerin in der Zeit vom 13. bis 15.4.

Sehr geehrter Herr Gosemärker,

mein Name ist Selma Khodor. Ich bin 14 Jahre alt und besuche die 8. Klasse der Goethe-Gesamtschule.

Ich suche einen Praktikumsplatz als Maurerin in der Zeit vom 13. bis 15. April.
5 Ist es möglich, das Praktikum in Ihrem Betrieb zu machen?

Ich interessiere mich für den Beruf der Maurerin, weil mir das Schulfach Kunst viel Spaß macht und ich gerne handwerklich arbeite.

Vielen Dank im Voraus für Ihre Antwort.

Mit freundlichen Grüßen
10 Selma Khodor

2 **Ordne** der E-Mail die folgenden Bausteine **zu**.

A Anrede **B** Grußformel und Name **C** Betreff **D** Absenderin

E Empfänger **F** Interessen, bezogen auf den Beruf **G** Dank

H Frage nach einem Praktikumsplatz **I** kurze Vorstellung

Eine E-Mail an einen Betrieb schreiben
So bewirbst du dich mit einer E-Mail um ein Praktikum:
- Verwende einen **passenden Betreff**.
- Wähle eine höfliche **Anrede**.
- **Stelle dich kurz vor.**
- Erkläre, warum dich der Beruf **interessiert**.
- Verabschiede und bedanke dich am **Schluss**.
- Wähle eine **höfliche Grußformel**.

So gehst du vor

3 Schreibe eine E-Mail, um dich für einen Praktikumsplatz zu bewerben. **Vervollständige** dazu den Lückentext.

a) **Verwende** einen passenden Betreff.

Anfrage für ein Praktikum als _____

b) **Formuliere** eine höfliche Anrede.

Sehr geehrte Frau_____/Sehr geehrter Herr_____,

c) **Schreibe** eine kurze Vorstellung.

Mein Name ist _____. Ich bin _____

Jahre alt und besuche die _____ Klasse der _____

_____-Schule. Ich suche einen Praktikumsplatz als

_____. Das Praktikum soll im Zeitraum _____

_____ stattfinden.

d) **Erkläre**, warum du dich für den Beruf interessierst.

Der Beruf interessiert mich, weil _____

_____

_____ .

e) **Ergänze** am Schluss eine Verabschiedung.

Ich freue mich, wenn ich in Ihrem Betrieb ein Praktikum machen

und mehr über den Beruf _____ erfahren kann.

f) **Schreibe** eine höfliche Grußformel und darunter deinen Namen.

_____

_____

„Schönen guten Tag ..." – ein persönliches Gespräch in einem Betrieb führen

1 David hat morgen ein persönliches Gespräch im Malerbetrieb Novak. Nadir, Anna und Maya geben ihm vorher Tipps. **Lies** ihre Aussagen.

Maya: Zieh etwas an, worin du dich wohlfühlst. Wie wäre es mit einer kurzen Hose und einem T-Shirt? ☐

Anna: Zieh besser eine lange Jeans und ein Hemd an. Du solltest einen guten Eindruck im Betrieb hinterlassen. ☐

Nadir: Du musst doch danach zum Training. Es ist bestimmt in Ordnung, wenn du mit deinen Trainingssachen zu dem Gespräch gehst. ☐

2 Welchen Tipp sollte David befolgen? **Kreuze an.**

3 **Lies** das Gespräch zwischen David und Herr Novak.

David: Guten Tag, ich bin David Tigges. Wir haben gestern telefoniert und diesen Termin heute vereinbart. Ich suche einen Praktikumsplatz.
Herr Novak: Schönen guten Tag, David. Ich freue mich, dass wir uns nun auch persönlich kennenlernen. Erzähl mir doch noch einmal:
5 Warum interessierst du dich für ein Praktikum in unserem Betrieb?
David: Die Fächer Kunst und Technik interessieren mich in der Schule sehr. Mein Vater ist auch Maler und ich finde seine Arbeit interessant.
Herr Novak: Prima! Was erwartest du denn von dem Praktikum?
David: Ich möchte den Beruf des Malers kennenlernen.
10 **Herr Novak:** Kannst du gut selbstständig arbeiten und Aufgaben erledigen?
David: Ich denke, dass ich das gut kann. Ich habe für die Schule einen Kalender, in dem ich meine Aufgaben notiere. Zu Hause habe ich meinem Vater schon geholfen, unsere Werkstatt zu streichen. Dabei
15 habe ich viele Aufgaben allein übernommen.
Herr Novak: Sehr schön! Gerne kannst du dein Praktikum in unserem Betrieb machen. Komm am ersten Tag deines Praktikums um 7 Uhr in unseren Betrieb. Dann besprechen alles Weitere.
David: Vielen herzlichen Dank. Ich freue mich schon sehr auf das
20 Praktikum. Ihnen noch einen schönen Tag!
Herr Novak: Ich wünsche dir auch noch einen schönen Tag.

Digital+
Audio
WES-127536-020

4 David hat in dem Gespräch einen guten Eindruck hinterlassen. **Lies,** was er gut gemacht hat.

	Er verabschiedet sich höflich.
	Er erklärt, warum er sich für diesen Beruf interessierst.
	Er bedankt sich.
1	Er begrüßt Herrn Novak höflich und angemessen.
	Er erklärt, warum er da ist.

5 Das Gespräch ist in Aufgabe 4 in der falschen Reihenfolge wiedergegeben. **Nummeriere** die Sätze korrekt.

6 **Markiere** in dem Gespräch die Fragen von Herrn Novak.

7 Selma führt auch ein persönliches Gespräch. **Verbinde** die Fragen von Herrn Gosemärker mit Selmas Antworten.

Fragen von Herrn Gosemärker

A Was sind in der Schule deine Stärken?

B In diesem Beruf muss man körperlich hart arbeiten. Hast du darüber schon einmal nachgedacht?

C Was würde dir daran gefallen, wenn du bei uns ein Praktikum machst?

Selmas Antworten

1 Ich bin körperliches Arbeiten gewohnt, weil ich oft meinem Opa auf dem Bauernhof helfe.

2 Das Arbeiten mit meinen Händen würde mir Spaß machen.

3 Ich bin gut in Kunst und in Werken.

8 **Lege** in deinem Heft eine Liste mit Fragen **an**, die oft von Betrieben in persönlichen Gesprächen gestellt werden. Du kannst Fragen von Seite 95 und aus Aufgabe 7 nutzen.

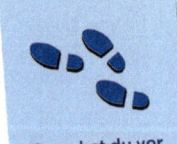
So gehst du vor

Ein persönliches Gespräch in einem Betrieb führen
- **Zieh dich angemessen an** und achte darauf, dass du **gepflegt** aussiehst.
- Sprich **langsam, höflich** und **sachlich**.
- **Schau dein Gegenüber** beim Sprechen **an**.
- Lass **dein Gegenüber ausreden** und unterbrich sie oder ihn nicht.

Sprechen und Zuhören

1 **Bereite** dich auf ein persönliches Gespräch **vor**, in dem du dich
um ein Praktikum bewirbst. Suche dir eine Partnerin oder einen
Partner. Sie oder er spielt die Vertreterin oder den Vertreter
des Betriebes und spricht die Texte a) bis f). Nutze für deine
Antworten die Sprachboxen.

a) Schönen guten Tag!

Guten Tag, ich bin ... Wir haben ja schon telefoniert.

Sprachbox

b) Können Sie mir noch einmal erzählen, worum es genau geht?

Vom ... bis ... findet an meiner Schule ein Praktikum statt.
Ich möchte ein Praktikum als ... machen.

Sprachbox

c) Auf welche Schule gehen Sie denn? Und wie alt sind Sie?

Ich besuche die Schule ... und gehe in die ... Klasse.
Ich bin ... Jahre alt.

Sprachbox

d) Warum interessieren Sie sich für ein Praktikum in unserem Betrieb?

Die Fächer ... machen mir in der Schule besonders
viel Spaß.
In meiner Freizeit interessiere ich mich für ...

Sprachbox

e) Sie können gerne Ihr Praktikum in unserem Betrieb machen.

Vielen Dank für ...

Sprachbox

f) Dann sehen wir uns demnächst, wenn Sie Ihr Praktikum bei uns
anfangen. Bis dann!

Ich wünsche Ihnen ... Auf ...

Sprachbox

Alles klar? – Teste dich selbst!

  1 Anna möchte ein Praktikum in einem Fahrradgeschäft machen. **Vervollständige** ihre E-Mail mithilfe des Wortspeichers.

Von: _____

An: _____

Betreff: _____

_____ Herr Kumpe,

mein Name ist Anna Kunze. Ich bin 14 Jahre alt und besuche die 8. Klasse

der Kollwitz-Gesamtschule.

Ich suche _____ in einem Fahrradgeschäft.

Das Praktikum soll zwischen dem 18. und 21. März stattfinden.

Ist es möglich, das Praktikum in Ihrem Betrieb zu machen?

Ich interessiere mich für das Praktikum in Ihrem Fahrradgeschäft, weil

ich gerne _____.

Ich hoffe, dass ich in Ihrem Betrieb das Praktikum machen kann, und freue

mich auf Ihre Antwort.

_____

Selma Khodor

---

kumpe@xxxxxxx.de • Anfrage für ein Praktikum • anna.kunze@xxxxxxx.de •
einen Praktikumsplatz • Mit freundlichen Grüßen • Rad fahre • Sehr geehrter

Marie hat morgen ein persönliches Gespräch in einem Tierheim. Ihre Freundinnen geben ihr vorher Tipps.

2 **Kreuze an**, welchen Tipp Marie befolgen sollte.

☐ **A** Wenn dir eine Frage einfällt, unterbrich dein Gegenüber sofort. Sonst hast du die Frage später vergessen.

☐ **B** Sprich möglichst schnell. Je mehr du erzählt, umso besser.

☐ **C** Zieh dich angemessen an und achte darauf, dass du gepflegt aussiehst.

Einige Schülerinnen und Schüler haben sich in persönlichen Gesprächen umgangssprachlich ausgedrückt. Das ist in einem Gespräch mit einem Betrieb nicht angemessen.

3 **Lies** die Aussagen der Schülerinnen und Schüler auf der linken Seite.

A Weil ich bisher nur Absagen bekommen habe, suche ich ganz dringend einen Praktikumsplatz. Kann ich ein Praktikum bei Ihnen machen?

① Mein Lieblingsfach ist Kunst und ich bin sehr kreativ. Daher bin ich auf den Beruf der Malerin gekommen.

B Kunst finde ich in der Schule nicht so blöd wie die anderen Fächer. Deswegen wäre Malerin ein cooler Beruf, glaube ich.

② Sie haben lange Arbeitszeiten. Gut, dass ich die Arbeitszeiten eines Berufs während des Praktikums kennenlernen kann.

C Bis 17 Uhr muss man bei Ihnen arbeiten? Das ist ja echt hart. Mein Leben lang möchte ich das aber nicht machen.

③ Demnächst führen wir an unserer Schule das Projekt „Berufe erkunden" durch. Ich würde gerne in Ihrem Betrieb ein Praktikum machen. Ist das möglich?

4 Lies die angemessenen Formulierungen auf der rechten Seite. **Verbinde** sie mit den passenden Aussagen der Schülerinnen und Schüler.

Jetzt wird's sportlich – richtig schreiben und Kommas setzen

1 **Lies** die Rechtschreibtipps.

> **1** Verlängere das Wort und du hörst es sofort!

> **2** Sprich das Wort laut in Silben und höre genau hin!

> **3** Führe bei den Wörtern „das" und „dass" die Ersatzprobe durch!

> **4** Präge dir die Schreibweise von Merkwörtern ein!

2 Welche Rechtschreibtipps kennst du schon? **Kreise** die Nummern **ein**.

3 s, ss oder ß? **Kreise** in den Wörtern den richtigen s-Laut **ein**.

der Flu **ss/ß/s** • das Lo **ss/ß/s** • gro **ss/ß/s**

4 Welcher Rechtschreibtipp hilft dir, den richtigen s-Laut am Wortende herauszufinden? **Trage** die Nummer **ein**: ☐

5 **Ergänze** in den Lückenwörtern die fehlenden Konsonanten.

k oder ck: win____en • dru____en • die Flo____e • der Kran____e

z oder tz: die Ker____e • die Ka____e • schmu____ig • die War____e

6 Welcher Rechtschreibtipp hilft dir, die richtigen Konsonanten zu ergänzen? **Trage** die Nummer **ein**: ☐

Das lernst du in diesem Kapitel

In diesem Kapitel lernst du
- gleichlautende Wörter kennen,
- die richtige Schreibung verschiedener Laute,
- „das" und „dass" mithilfe der Ersatzprobe zu unterscheiden,
- Groß- und Kleinschreibung zu unterscheiden und
- Regeln der Kommasetzung.

Wahl/Wal, Meer/mehr ... – auf die Bedeutung achten

Mehr als 2 Millionen Tierarten leben im Meer.

1 Was trifft auf die beiden unterstrichenen Wörter zu? **Kreuze an.**

☐ Die Wörter klingen gleich und werden auch gleich geschrieben.
☐ Die Wörter klingen gleich, werden aber unterschiedlich geschrieben.

Gleichlautende Wörter
Manche **Wörter hören sich zwar gleich an**, haben aber eine **unterschiedliche Bedeutung**.
- Oft werden diese Wörter auch **gleich geschrieben**. Zum Beispiel: **die Maus** = ein Tier und **die Maus** = Zubehör vom PC.
- Manche Wörter **klingen zwar gleich**, werden aber **unterschiedlich geschrieben**. Zum Beispiel: **mehr** = Mengenangabe und das **Meer** = Gewässer. Bei diesen Wörtern musst du dir die Schreibweise und die Bedeutung merken.

Das kannst du dir merken

2 **Markiere** in den Sätzen die gleichlautenden Wörter.

A In der Schule lehren die Lehrkräfte uns Rechnen und Schreiben. – Vergiss nicht, den Mülleimer zu leeren.
B Tim isst gerne Schokolade. – Oskar ist in der Schule.

3 **Ergänze** in den Sätzen die passenden Wörter.

A Der _____ überbringt ein Paket.

B Die _____ liegen im Hafen.

C Der _____ lebt im Meer.

D Die _____ fällt mir schwer.

Boote •
Bote •
Wahl •
Wal

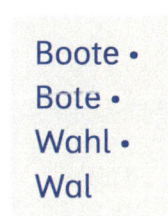

101

Konsonanten? – Wörter mit kurzem Vokal richtig schreiben

Digital+
Audio
WES-127536-021

1 Die Lückenwörter werden mit zwei verschiedenen Konsonanten geschrieben, von denen je einer fehlt. **Ergänze** die fehlenden Konsonanten. Mithilfe des Webcodes kannst du dir die Wörter anhören.

Win___er • La___pe • We___t • Wun___er • Kat___e • Hu___d • do___t

l • z • t • m • r • d • n

2 **Markiere** im folgenden Text alle Wörter mit Doppelkonsonanten.

Tennis spielt man mit einem Schläger und einem Ball. Die Spielerinnen und Spieler müssen oft schnell rennen. Wer zum Schluss die meisten Punkte hat, gewinnt das Spiel.

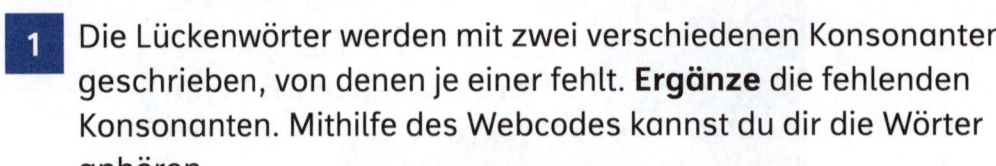

3 **Bilde** mit dem Wortstern Wörter mit Doppelkonsonanten.

schwi_____en

So_____er   **mm**   Hu_____el

Zi_____er   ko_____en

4 **Ergänze** in den Lückenwörtern die fehlenden Buchstaben.

k oder ck: Ja___e • tan___en • blin___en • Bli___ • Schran___ • E___e

z oder tz: Si___ • Ne___ • Wur___el • Gren___e • Spi___e • zwan___ig

Das kannst du dir merken

Wörter mit kurzem Vokal richtig schreiben
Wenn du nach einem **kurzen Vokal** nur **einen Konsonanten** hörst, wird dieser meistens **verdoppelt**.
Hörst du nach einem **kurzen Vokal zwei verschiedene Konsonanten,** werden diese **nicht doppelt** geschrieben.
Wenn du nach einem kurzen Vokal nur den **Konsonanten k oder z** hörst, schreibst du meistens **ck** oder **tz**.

Idee, Bahn, fegen ... – Schreibweisen von Wörtern mit langem Vokal unterscheiden

1 **Lies** den Text.

Die verrückte Sportstunde
(1) Noch ist der Sportplatz der Schule leer, aber gleich beginnt die Sportstunde. Der Hausmeister muss noch fegen. Heute dürfen alle ihre liebste Sportart wählen. Einige Schüler laufen auf der Bahn um die Wette, andere üben Weitsprung. Ein Mädchen hat die Idee, zusammen ein Spiel zu spielen.

2 **Ordne** die unterstrichenen Wörter in die Tabelle **ein**.

einfacher Vokal	verdoppelter Vokal	Dehnungs-h

3 **Vervollständige** den zweiten Teil des Textes mit passenden langen Vokalen aus dem Wortspeicher.

(2) Plötzlich s____en die Kinder einen Hund auf den R___sen laufen.

Der Hund setzt sich vor das T___r des Fußballplatzes. Ein Junge r___ft:

„Das finde ich d____f! Wir wollen hier Fußball spielen." Der Hund knurrt

b___se. Ein Mädchen sagt: „Lass doch den Hund in R____e. Er darf heute

als Torwart mitspielen."

ö • eh •
oo • a •
o • uh •
u

Wörter mit langen Vokalen
Wörter mit **lang gesprochenen Vokalen** werden **unterschiedlich** geschrieben:
- mit einem **einfachen Vokal**, ohne Dehnungs-h
  Zum Beispiel: Schule, Fuß
- mit einem **verdoppelten Vokal**
  Zum Beispiel: Paar, leer
- mit einem **Dehnungs-h**
  Zum Beispiel: dehnen, nehmen, fühlen
Das **Dehnungs-h** steht oft vor den Konsonanten **l, m, n** und **r**.

Das kannst
du dir merken

103

„s", „ss" oder „ß"? – s-Laute richtig schreiben

 1 **Lies** die Lernbox.

Das kannst du dir merken

> **Wörter mit s, ß und ss richtig schreiben**
> Den **stimmlosen s-Laut** kannst du zischen wie eine Schlange.
> Er wird mit **s, ss** oder **ß** geschrieben.
> • Nach **kurzem betonten Vokal** schreibst du **ss**: me**ss**en, Wa**ss**er.
> • Nach **langem betonten Vokal** oder nach einem **Zwielaut**
>   (au, ei) schreibst du **ß**: Stra**ß**e, bei**ß**en.
> • Am **Wortende** hörst du oft einen **stimmlosen s-Laut**.
>   **Verlängere** das Wort. So findest du heraus, ob es mit s, ss oder
>   ß geschrieben wird: Gla**s** – Glä**s**er, der Ku**ss** – kü**ss**en, gro**ß** –
>   grö**ß**er.
> Der **stimmhafte (gesummte) s-Laut** wird immer mit **s** geschrieben.

 2 Was weißt du über s-Laute? **Kreuze** die richtigen Aussagen **an**.

	richtig	falsch
Nach kurzem betonten Vokal schreibt man **ss**.	☐	☐
Nach langem betonten Vokal schreibt man **ss**.	☐	☐
Den stimmlosen s-Laut am Wortende schreibt man **s, ss** oder **ß**.	☐	☐
Der stimmhafte s-Laut wird immer mit **ß** geschrieben.	☐	☐

 3 **Ergänze** in den Lückenwörtern ss oder ß.

Elena ist gestern beim Sport mit dem Fu___ umgeknickt. Den

geschwollenen Knöchel hat sie mit kaltem Wa____er gekühlt. Heute

geht es ihr schon be____er. Als sie ihre Freundin auf der Stra___e trifft,

rennt sie gleich los. Die Verletzung hat sie verge____en.

 4 s, ss oder ß? **Kreise** in den Wörtern den richtigen s-Laut **ein**.

Die 8b spielt **Fu ss/ß/s ball** in der Halle. Marco **schie ss/ß/s t** den
Ball gegen ein Fenster. Das **Gla ss/ß/s** der Scheibe ist gesprungen.
Karim holt einen **Be ss/ß/s en**. Marco **mu ss/ß/s** die Scherben zu-
sammenkehren. Das macht ihm keinen **Spa ss/ß/s**.

Dass du das kannst ... – die Wörter „das" und „dass" richtig schreiben

1 **Lies** in der Lernbox, wie dir die Ersatzprobe helfen kann, „das" oder „dass" richtig zu schreiben.

Die Wörter „das" und „dass" mithilfe der Ersatzprobe richtig schreiben
Du schreibst **„das",** wenn du dafür die Wörter **dies/diese, jenes, welches** oder den unbestimmten Artikel **ein** einsetzen kannst. Wenn das <u>nicht</u> möglich ist, schreibst du **„dass"**. Wenn das Wort „dass" oder „das" mitten im Satz steht, musst du davor ein **Komma** setzen.

Das kannst du dir merken

2 Überlege, ob du in den folgenden Sätzen „welches" oder „dieses" als Ersatzwort einsetzen kannst. **Streiche** das Wort in Klammern **durch,** wenn du kein Ersatzwort einsetzen kannst.

A Das (Dieses?) Fußballspiel findet in einem Stadion statt, das (welches?) Platz für 10 000 Menschen hat.
B Die Fußballfans hoffen, dass (welches?) ihr Verein gewinnt.
C Ich freue mich auf das (dieses?) Finale, das (welches?) am nächsten Sonntag stattfindet.
D Die Mannschaft freut sich darüber, dass (welches?) sie gewonnen hat.

3 **Markiere** in Aufgabe 2 die Kommas vor „das" oder „dass".

4 **Ergänze** in den folgenden Sätzen „das" oder „dass". Wende dazu die Ersatzprobe an.

A Auf dem Spielfeld, _____ 105 mal 68 Meter groß ist, spielen zwei Mannschaften gegeneinander.

B Ich weiß, _____ ein Fußballspiel 90 Minuten dauert.

C Es ist wichtig, _____ jeder Spieler sein Bestes gibt.

D Nach dem Tor, _____ die Mannschaft geschossen hat, jubeln die Fans.

E _____ Team feiert, weil es gewonnen hat.

Das schreibt man groß! – Nomen, Satzanfänge und Nominalisierungen

 1 **Lies** die Sätze auf den Schildern.

ESST BITTE NICHT IN DER TURNHALLE.

SETZT EURE FAHRRADHELME AUF.

KOMMT ALLE ZUM GROSSEN SPORTFEST.

SCHWIMMT NUR AN DER BADESTELLE.

 2 **Unterstreiche** in den Sätzen die Nomen. **Kreise** die Satzanfänge **ein**.

 3 **Schreibe** die Sätze in der richtigen Groß- und Kleinschreibung auf die Linien.

1. _____

2. _____

3. _____

4. _____

Das kannst du dir merken

Nomen, Satzanfänge und Nominalisierungen großschreiben
- **Nomen** schreibst du **groß**.
- **Am Satzanfang** schreibst du **alle Wörter groß**.
- **Adjektive** (zum Beispiel: groß) und **Verben** (zum Beispiel: lesen) können als Nomen verwendet werden. Dann schreibt man sie groß. Das nennt man **Nominalisierung.**
  Zum Beispiel: der Große, das Lesen
- Eine **Nominalisierung** erkennst du oft am Begleiter.
  Zum Beispiel: **das** Laufen, **beim** Fernsehen, **etwas** Interessantes

4 **Lies** die Ankündigung des Sportfestes.

> **Sportfest an unserer Schule**
> Das Beste des Schuljahres steht bevor: das große Sportfest!
> Es wird viel Spannendes zu sehen geben. Und ihr könnt selbst
> mitmachen: Zeigt beim Laufen und beim Werfen, wie schnell und
> geschickt ihr seid. Höhepunkt wird der Dreikampf. Die Schnellsten
> bekommen eine Urkunde.

5 **Unterstreiche** in der Ankündigung alle Nominalisierungen.
Kreise die Begleiter **ein**.

6 **Vervollständige** die Sätze durch Nominalisierungen.

A Das _____ (schwimmen) im See ist nur an

der Badestelle erlaubt.

B Das _____ (betreten) der Turnhalle ist nur

mit Turnschuhen erlaubt.

C Das _____ (gut) am Mannschaftssport ist,

dass man gemeinsam Sport macht.

D Gemeinsam einen Sieg zu feiern ist etwas _____

(außergewöhnlich).

7 **Ergänze** in den folgenden Satzpaaren jeweils ein Wort aus dem
Wortspeicher. Bei einem Satz schreibst du das Wort klein und
bei dem anderen groß.

A Madita und Umut wollen heute zusammen _____.

J/joggen •
E/essen

Das _____ macht beiden großen Spaß.

B Timo und Marie _____ heute zusammen in der Schulmensa.

Beim _____ unterhalten sie sich über das Sportfest.

Montagmorgen, gestern, vormittags ... – Zeitangaben richtig schreiben

1 **Lies** den Text.

12. Juni: Tagesbericht von Emine

Es ist <u>Mittwoch</u> und <u>heute</u> war der zweite Tag des Sportfestes an unserer Schule. Das Sportfest begann <u>heute Morgen</u> mit Staffellauf und Weitsprung. Es ging weiter mit Sackhüpfen und Eierlaufen am <u>Nachmittag</u>. Die große Siegerehrung fand <u>abends</u> statt. Es war ein schöner Tag voller Sport und Spaß!

Das kannst du dir merken

> **Zeitangaben richtig schreiben**
> - Wenn **Tageszeiten** und **Wochentage** aus **Nomen** bestehen, schreibt man sie groß.
>   Zum Beispiel: der **M**orgen, der **M**ittwoch, am **M**ittag
> - Wenn **Tageszeiten nach Adverbien** (gestern, heute, morgen) stehen, schreibt man sie auch groß.
>   Zum Beispiel: gestern **A**bend, heute **N**achmittag
> - **Zeitangaben** können auch aus **Adverbien** bestehen. Dann schreibt man sie **klein**. Zum Beispiel: **h**eute, **m**orgen, **g**estern
>   Oft haben Zeitadverbien ein -s am Wortende.
>   Zum Beispiel: montag<u>s</u>, abend<u>s</u>

📱 **Digital+**
Arbeitsblatt
WES-127536-022

 2 Übertrage die Tabelle in dein Heft. **Ordne** die unterstrichenen Zeitangaben aus Emines Tagesbericht richtig **ein**.

Nomen	Tageszeiten nach Adverbien	Adverbien

 3 **Ergänze** die Wortanfänge in der richtigen Groß- und Kleinschreibung.

A Der Sportplatz ist **(s/S)** ___onntags geschlossen.

B Die Siegerehrung findet **(m/M)** ___orgen **(n/N)**___achmittag statt.

C Das Training beginnt **(m/M)** ___ittwochs um 18 Uhr.

D Umut geht jeden **(a/A)** ___bend joggen.

Schleife, Vulkan, Brücke ... – das Komma bei Aufzählungen

1   **Lies** den Text.

Hindernisse überwinden

Schleife, Vulkan, Welle, Brücke sind Bezeichnungen für Hindernisse beim Minigolf. In jedem größeren Ort, in Parks und in vielen Sportanlagen gibt es Minigolfplätze. Viele Menschen haben hier schon einmal Golfschläger, Bälle sowie Punktekarten ausgeliehen.

2   **Unterstreiche** die Aufzählungen von Wörtern oder Wortgruppen.

3   **Kreise** die Kommas in den Aufzählungen **ein**.

4   **Markiere** die Konjunktionen in den Aufzählungen.

5   Ersetze die unterstrichenen, überflüssigen Konjunktionen durch Kommas. **Schreibe** die Sätze auf die Linien.

A   In Parks <u>oder</u> in Freibädern oder auf Spielplätzen kann man Discgolf spielen.

_____

_____

B   Beim Discgolf kommt es auf Ruhe <u>und</u> Konzentration <u>und</u> Erfahrung und Taktik an.

_____

_____

Das Komma bei Aufzählungen

Aufzählungen von Wörtern oder Wortgruppen werden durch ein **Komma** voneinander getrennt. Am Ende der Aufzählung stehen oft die Konjunktionen **und, oder** und **sowie**. Vor diesen Konjunktionen setzt du **kein** Komma. Zum Beispiel: Beim Minigolf benötigt man einen Schläger, einen Ball **und** eine Punktekarte.

Das kannst du dir merken

109

Rätselhaftes Sportgerät – Kommas in Satzreihen und Satzgefügen

1 In den folgenden Satzreihen fehlen die Kommas. **Markiere** die Hauptsätze in unterschiedlichen Farben.

A Das Sportgerät unterscheidet sich von einer Tischtennisplatte denn die Platte ist gebogen.

B Eine Tischtennisplatte ist 2,70 Meter lang und 1,50 Meter breit aber dieses Sportgerät ist größer.

C Das Spiel ist ungewöhnlich denn manchmal nutzen die Spieler sogar ihren Kopf.

2 **Kreise** in den Satzreihen A bis C die Konjunktionen **ein**.

3 **Ergänze** in den Satzreihen die Kommas.

4 In den folgenden Satzgefügen fehlen die Kommas. **Unterstreiche** die Hauptsätze. **Unterschlängele** die Nebensätze.

A Viele Menschen kennen das Murmelspiel nur als Kinderspiel obwohl es auch ein richtiger Sport ist.

B Die Spieler trainieren hart bevor sie sich zum Wettkampf treffen.

C Sie spielen nach festen Regeln damit es fair zugeht.

5 **Kreise** in den Satzgefügen die Konjunktionen **ein**.

6 **Ergänze** in den Satzgefügen die Kommas.

Das kannst du dir merken

Kommas in Satzreihen und Satzgefügen

- Eine **Satzreihe** ist eine **Aufzählung von Hauptsätzen**. Die Hauptsätze werden durch ein Komma voneinander getrennt. Zum Beispiel: Der Spieler nimmt den Ball an, er hält ihn hoch. Du musst auch ein Komma setzen, wenn die Hauptsätze mit den Konjunktionen **aber, denn** und **sondern** eingeleitet werden. Zum Beispiel: Er darf den Ball nicht mit der Hand berühren, **denn** bei diesem Spiel sind nur Füße erlaubt.
- Ein **Satzgefüge** besteht aus einem **Hauptsatz** und einem **Nebensatz**. Dazwischen steht immer ein **Komma**. Zum Beispiel: Melia erfährt, **dass** es eine Murmel-WM gibt.

Alles klar? – Teste dich selbst!

1 **Ergänze** in den Lückenwörtern k oder ck und z oder tz.

k oder ck: Lü_____e • hin_____en • Mar_____e • bü_____en

z oder tz: kra_____en • tan_____en • bli_____en • sal_____ig

2 s, ss oder ß? **Kreise** in den Wörtern den richtigen s-Laut **ein**.

mü **ss/ß/s** en • Stra **ss/ß/s** e • Gra **ss/ß/s** • na **ss/ß/s** • flie **ss/ß/s** en

3 **Schreibe** die Sätze in die richtige Groß- und Kleinschreibung auf die Linien.

A   das aufregendste war der ausflug in den kletterwald.

_____

B   am anfang hatte ich etwas angst vor dem klettern.

_____

4 **Markiere** in den Sätzen A und B die Nominalisierungen. **Kreise** die Begleiter **ein**.

5 Ersetze die unterstrichenen, überflüssigen Konjunktionen durch Kommas. **Schreibe** die Sätze auf die Linien.

A   Tamburello ist ein italienisches Spiel <u>und</u> es wird gern in Norditalien gespielt und es hat ähnliche Regeln wie Tennis.

_____

_____

B   Tamburello kann man in Hallen <u>oder</u> an Stränden <u>oder</u> auf Rasen oder Sportplätzen spielen.

_____

_____

111

Tolle Zaubertricks – Wortarten

 1 **Lies** den Text.

Zaubern wie Harry Potter – komm in die Zauber-AG!

<u>Wir</u> aus der <u>Klasse</u> 8b <u>wollen</u> <u>eine</u> Zauber-AG gründen. Das haben wir vor: Zunächst sammeln wir <u>spannende</u> Zaubertricks. Anschließend kaufen wir die Materialien, die wir für <u>unsere</u> Tricks brauchen. Danach üben wir die Tricks, bis wir sie alle gut beherrschen. Für das Ende des Schuljahres planen wir einen magischen Abend in unserer Schule. Dann werden wir die Zaubertricks vorführen.

 2 Bestimme die unterstrichenen Wörter im Text. **Ordne** sie in der Tabelle den Wortarten **zu**.

Nomen	Artikel	Verb	Adjektiv	Personal-pronomen	Possessiv-pronomen

 3 **Markiere** im Text für jede Wortart ein weiteres Beispiel. Verwende die gleichen Farben wie in der Tabelle oben.

 4 **Ergänze** den Lückentext mit den Wörtern aus dem Wortspeicher.

Alle Tricks aus der AG sammeln _____ (Personalpronomen) in

_____ (Artikel) Zauberbuch. Es heißt „Das _____ (Adjektiv)

Buch". Dieses Buch _____ (Verb) wir an dem magischen

_____ (Nomen). Haben wir _____ (Possessivpronomen)

Interesse geweckt? Dann melde dich bei der 8b und sei dabei!

blauen •
einem •
Abend •
verkaufen •
dein • wir

In diesem Kapitel lernst du
- Zeitformen richtig anzuwenden,
- Aktiv und Passiv kennen und
- Pronomen, Konjunktionen, Präpositionen und Adverbien richtig zu gebrauchen.

Das lernst du in diesem Kapitel

Gestern, heute, morgen – Zeitformen

1 **Lies** den Text.

Der Zauberstab
Unsere Lehrerin besuchte früher eine Zauberschule. Dort lernte
sie viele Zaubertricks. Eines Tages fand sie auf dem Dachboden
der Schule einen Zauberstab. Sie nahm ihn in die Hand und sagte:
„Abrakadabra simsalabim." Auf einmal hatte sie einen blauen
Zauberhut auf ihrem Kopf. Mit dem Zauberstab konnte sie Dinge
herbeizaubern!
Heute zeigt die Lehrerin uns einige Zaubertricks. Sie holt den
Zauberstab aus ihrer Tasche und gibt ihn einer Schülerin. Die
Schülerin nimmt den Zauberstab in die Hand und sagt leise: „Lirum
larum Mäusespeck." Auf einmal ist die Lehrerin verschwunden. Dafür
sitzt auf ihrem Tisch ein weißes Kaninchen.

2 **Unterstreiche** im Text die Verben in unterschiedlichen Farben:
Verben im <u>Präsens</u> rot und im <u>Präteritum</u> blau.

3 **Ergänze** die Lückensätze mit den Verben in den angegebenen
Zeitformen.

A Die Zauber-AG _____ (üben, Präsens) Zaubertricks.

B Ein Schüler _____ (halten, Präsens) den Zauberstab.

C Gestern _____ (haben, Präteritum) wir Zauberunterricht.

D Die Lehrerin _____ (zeigen, Präteritum) uns Tricks.

Das Präsens und das Präteritum
Das **Präsens** macht deutlich, dass etwas in der **Gegenwart**
passiert.
Zum Beispiel: Ich <u>zeige</u> einen Zaubertrick.
Es kann auch ausdrücken, dass etwas **zu jeder Zeit** gilt.
Zum Beispiel: Der Zauberstab <u>leuchtet</u> bei Nacht.
Das **Präteritum** drückt aus, dass etwas in der **Vergangenheit**
passiert ist.
Zum Beispiel: Meine Oma <u>kannte</u> viele Zaubersprüche.

Das kannst
du dir merken

113

4 **Lies** den Text.

Zaubern lernen

Bevor die Lehrerin Zauberunterricht gab, hatte sie eine Zauberschule besucht. Nachdem sie viele Zaubertricks gelernt hatte, brachte sie die Tricks den Schülerinnen und Schülern in der Zauber-AG bei.
Gestern bin ich zu einem Treffen der Zauber-AG gegangen. Ich habe mein neues Zauberbuch mitgebracht. Wir haben zusammen in dem Buch nach einem Zauberspruch gesucht. Eine Schülerin hat einen guten Spruch gefunden: „Hokus Pokus Fidibus."
Auch in Zukunft wird es Zauberinnen und Zauberer geben. Sie werden viele neue Zaubertricks erfinden. Vielleicht werde auch ich einmal ein berühmter Zauberer sein.

5 **Unterstreiche** im Text die Verbformen in unterschiedlichen Farben: Verben im <u>Plusquamperfekt</u> grün, im <u>Perfekt</u> orange und im <u>Futur</u> lila. Denke daran: Alle drei Zeitformen werden aus zwei Teilen gebildet.

6 **Setze** die Verben im Perfekt in die Sätze **ein**. Verwende die Personalformen von „haben" und „sein" aus dem Wortspeicher.

habe •
hat • bin

A Gestern _____ ich in die Buchhandlung _____. (gehen)

B Dort _____ ich ein Zauberbuch _____. (entdecken)

C Das Buch _____ ganz oben im Regal _____. (stehen)

Das kannst
du dir merken

Das Perfekt, das Plusquamperfekt und das Futur
Das **Perfekt** macht deutlich, dass etwas in der **Vergangenheit** passiert ist. Es hat aber einen **Bezug zur Gegenwart**. Das Perfekt wird mit **haben** oder **sein** im **Präsens** und dem **Partizip 2** gebildet.
Zum Beispiel: Ich <u>habe</u> gestern neue Zaubertricks <u>gelernt</u>.
Das **Plusquamperfekt** wird verwendet, wenn eine Handlung vor einer anderen Handlung **in der Vergangenheit** passiert ist.
Das Perfekt wird mit **haben** oder **sein** im **Präteritum** und dem **Partizip 2** gebildet.
Zum Beispiel: Nachdem ich den Trick <u>gelernt hatte</u>, zeigte ich ihn in der Zauber-AG.
Das **Futur** drückt aus, dass etwas in der Zukunft stattfindet.
Zum Beispiel: Zaubertricks <u>werden</u> auch in Zukunft beliebt <u>sein</u>.

„In der AG wird gezaubert ..." – Aktiv und Passiv unterscheiden und verwenden

1　**Lies** die Sätze.

A　Mit den Karten werden Tricks geübt.
B　Elif trägt einen Zauberhut.
C　Der Zauberhut wird umgedreht.
D　Aus dem Zauberhut springt ein Kaninchen.
E　Die Zuschauer werden zum Staunen gebracht.
F　Diesen Trick zeigen wir gerne noch einmal.

2　**Unterstreiche** in den Sätzen alle Verbformen.

3　Lies die Lernbox. **Markiere** dann die Aktivsätze rot und
die Passivsätze grün.

> **Das Aktiv und das Passiv**
> Verben kann man ins Aktiv und ins Passiv setzen. Bei **Aktivsätzen**
> steht die **handelnde Person** im Mittelpunkt.
> Zum Beispiel: Sebastian <u>zeigt</u> dem Publikum einen Zaubertrick.
> Er <u>verwendet</u> dafür eine Flasche.
> In **Passivsätzen** steht oft **die Handlung** im Mittelpunkt.
> Zum Beispiel: Ein Zaubertrick <u>wird gezeigt</u>. Für diesen Trick <u>wird</u>
> eine Flasche <u>verwendet</u>.
> Das **Passiv** wird mit einer Form von **werden** und dem **Partizip 2**
> eines Verbs (zum Beispiel: gezaubert, gestellt) gebildet.

Das kannst
du dir merken

4　**Markiere** in den Sätzen die Verbformen.

A　Vom Zauberer werden tolle Tricks gezeigt.

_____

B　Von Elif wird ein Zauberspruch gesagt.

_____

5　**Kreise** in den Sätzen die handelnden Personen **ein**.

6　**Schreibe** die Sätze im Aktiv auf die Linien.

7 **Setze** die Passivformen aus dem Wortspeicher **ein**.

A In der Zauber-AG _____ Tricks mit Bällen _____.

B Ein Ball _____ von Michael ans Fenster _____.

C Die Fensterscheibe _____ von dem Ball _____.

D Die Jugendlichen _____ vom Hausmeister _____.

> werden ... ermahnt • wird ... geworfen •
> werden ... geübt • wird ... zerstört

8 **Bilde** von den folgenden Verben das Partizip 2.

machen: _____ *gemacht* _____

zaubern: _____

lernen: _____

zeichnen: _____

9 **Bilde** mit den Partizipien aus Aufgabe 8 Sätze im Passiv.

A eine Ankündigung • machen

Eine Ankündigung wird gemacht.

B heute • in der Schule • zaubern

_____

C ein Zauberspruch • von Elif • auswendig • lernen

_____

_____

D zwei Kreise • vom Zauberer • auf das Papier • zeichnen

_____

_____

Mein Trick, unsere Zaubershow – Pronomen kennen und anwenden

1 **Setze** in dem Lückentext Personalpronomen und Possessivpronomen aus dem Wortspeicher **ein**.

Kirill ist _____ neuer Zauberlehrer. _____ zeigt _____

heute einen Zaubertrick mit einem Löffel. Kirill legt den Löffel auf

_____ Nasenspitze. Dann nimmt er die Hand weg und der Löffel

hängt an der Nase. Der Löffel hält besser, wenn Kirill _____ anhaucht.

> er • seine • unser • ihn • uns

2 **Markiere** in Aufgabe 1 die Personalpronomen gelb und die Possessipronomen grün.

3 **Lies** die Sätze.

A Für diesen Trick wird ein Kaffeelöffel, der aus Metall sein sollte, benötigt.
B Die Zauberlehrerin, die den Trick vorführt, legt einer Schülerin den Löffel auf die Nase.
C Das Publikum, das von dem Trick begeistert ist, klatscht laut.

4 **Markiere** im Text die Relativpronomen.

5 **Umkreise** die Nomen, auf die sich die Relativpronomen beziehen.

Pronomen
Personalpronomen (er, sie, es) können Nomen in einem Satz ersetzen. Zum Beispiel: <u>Der Zaubertrick</u> ist toll. **Er** ist toll.
Possessivpronomen begleiten fast immer Nomen und zeigen an, dass jemandem etwas gehört.
Zum Beispiel: **unser** Trick, **euer** Löffel, **mein** Buch
Relativpronomen (der, die, das) beziehen sich auf ein Nomen und leiten einen Nebensatz (Relativsatz) ein. Zum Beispiel:
Wir schreiben ein Zauberbuch, **das** viele Zaubertricks enthält.

Das kannst du dir merken

Im Zauberladen – Konjunktionen, Präpositionen und Adverbien wiederholen

 1 **Unterstreiche** in den Sätzen die Konjunktionen.

Ich zaubere, weil ich gerne Menschen überrasche. Heute zeige ich einen Zaubertrick mit Karten, denn diesen Trick kann ich besonders gut. Das Publikum klatscht und es will noch mehr Tricks sehen.

 2 **Ergänze** passende Konjunktionen.

A Im Zauberladen gibt es Zauberstäbe, Tücher _____ Bälle.

B Das goldene Tuch ist schön, _____ das blaue Tuch ist billiger.

C Ich kaufe das blaue Tuch, _____ ich habe nur 10 Euro dabei.

3 **Markiere** in den Sätzen die Präpositionen.

A In der Zauber-AG wird heute ein neuer Trick geübt.
B Auf den Tischen liegen viele Zauberstäbe.
C Bei den Übungen sagen wir die Zaubersprüche aus dem Zauberbuch.

 4 Handelt es sich um ein Adverb der Zeit oder des Ortes? **Kreuze an.**

	Adverb der Zeit (Wann? Wie lange?)	Adverb des Ortes (Wo? Woher? Wohin?)
donnerstags	☐	☐
rechts	☐	☐
kurz	☐	☐
hinunter	☐	☐

Das kannst du dir merken

Konjunktionen, Präpositionen und Adverbien
Konjunktionen verbinden mehrere Hauptsätze oder einen Hauptsatz und einen Nebensatz. Sie verbinden auch Wörter und Wortgruppen in Aufzählungen.
Präpositionen geben an, in welchem Verhältnis Personen oder Gegenstände zueinander stehen.
Adverbien geben an, wann, wo, wie und warum etwas geschieht.

Alles klar? – Teste dich selbst!

1 **Unterstreiche** in den Sätzen alle Verbformen.

A Merhat wird von Felix verzaubert.

B Selina zeigt ihre Kartentricks.

C Felix übt Zaubersprüche.

D Der Zauberball wird vom Clown geworfen.

2 **Markiere** in Aufgabe 1 die Aktivsätze rot und die Passivsätze grün.

3 **Bilde** mit den folgenden Wörtern einen Satz im Passiv.

die Zauberkarten • auf den Tisch • legen

---

4 **Setze** passende Pronomen aus dem Wortspeicher **ein**.

A Sebastian wirft einen Zauberball, _____ leuchtet.

B Lukas zeigt dem Publikum _____ Trick.

C Lukas jongliert mit vier Bällen. _____ wird vom Publikum gefeiert.

> seinen •
> er • der

5 **Markiere** in Aufgabe 4 das Personalpronomen gelb, das Possessivpronomen grün und das Relativpronomen rot.

6 **Ordne** die fett gedruckten Wörter den Wortarten in der Tabelle **zu**.

Heutzutage gibt es **in** vielen Städten Zauberläden. **Dort** kann man **oft** tolle Zauberartikel finden. **Zum** Beispiel Zauberstäbe, Karten **und** Tücher.

Konjunktionen	Präpositionen	Adverbien

Superfoods – Nebensätze und Satzglieder

1 Die Klasse 8a beschäftigt sich mit Nachhaltigkeit und gesunder Ernährung. Mike hat einen Text über Superfoods gefunden. **Lies** den Text.

Regionale Superfoods sind gesund und gut für die Umwelt, da sie in der Nähe angebaut werden. Man kann diese Lebensmittel auf einem Wochenmarkt kaufen, wenn man sich gesund ernähren will. Regionale Superfoods sind eine gute Wahl, weil man damit Bauernhöfe in der Nähe unterstützt.

2 **Untersuche** die Sätze in dem Text.

a) **Unterschlängele** die Nebensätze.
b) **Markiere** die Kommas.
c) **Kreise** die Personalform der Verben in den Nebensätzen **ein**.
d) **Unterstreiche** die einleitenden Wörter am Anfang der Nebensätze.

3 Was weißt du über Sätze? **Kreuze** die richtigen Antworten **an**.

a) Wie nennt man die Verbindung aus Hauptsatz und Nebensatz?

☐ Satzreihe   ☐ Satzgefüge

b) An welcher Stelle steht die Personalform des Verbs in einem Nebensatz?

☐ am Ende   ☐ am Anfang

c) Zu welcher Wortart gehören die einleitenden Wörter, die in dem Text in Aufgabe 1 Hauptsätze und Nebensätze verbinden?

☐ Präpositionen   ☐ Konjunktionen   ☐ Adverbien

Das lernst du in diesem Kapitel

In diesem Kapitel lernst du
- Relativsätze und dass-Sätze kennen,
- Satzglieder wie Subjekt, Prädikat, Objekt und adverbiale Bestimmung zu unterscheiden und verwenden und
- Attribute als Teils eines Satzgliedes zu erkennen.

Superfoods genau im Blick – Relativsätze untersuchen und bilden

1 **Lies** den Text.

Superfrucht Avocado

Eine Avocado ist eine Frucht, die viele Vitamine enthält. Fette und Mineralien sind weitere Nährstoffe, die in der Avocado enthalten sind. In Avocados ist auch ein Stoff, der gut für die Augen ist. Allerdings verbraucht der Anbau von Avocados pro Kilogramm, das man essen kann, ungefähr 1000 Liter Wasser.

2 **Untersuche** die Nebensätze.

a) **Unterstreiche** die einleitenden Wörter am Anfang der Nebensätze.

b) Zu welcher Wortart gehören die einleitenden Wörter, die in dem Text in Aufgabe 1 Hauptsätze und Nebensätze verbinden? **Kreuze an**.

☐ Präpositionen ☐ Konjunktionen ☐ Relativpronomen

c) **Markiere** die Nomen, auf die sich die einleitenden Wörter beziehen.

Relativsätze

Ein **Relativsatz** ist ein Nebensatz. Du erkennst ihn daran, dass er mit einem **Relativpronomen** eingeleitet wird. Zum Beispiel: der, die, das, welcher. Das Relativpronomen bezieht sich auf ein **Nomen im Hauptsatz**.

Das kannst du dir merken

---

3 **Ergänze** in den Sätzen passende Relativpronomen aus dem Wortspeicher.

A Am liebsten mag ich Obst, _____ in unserem Garten wächst.

B Zum Frühstück esse ich einen Apfel, _____ viele Vitamine enthält.

C Besonders gut für die Umwelt sind Lebensmittel, _____ bei uns in der Nähe angebaut werden.

der • das • die

Dass es gesunde Sachen in der Mensa gibt, freut mich! – Dass-Sätze verwenden

1 **Untersuche** die Satzgefüge.

a) **Unterschlängele** die Nebensätze.

b) **Kreise** die Personalform der Verben in den Nebensätzen **ein**.

c) **Unterstreiche** die Konjunktion „dass".

d) **Markiere** die Kommas.

A Die Klasse 8a möchte, dass es mehr gesundes Essen in der Mensa gibt.
B Frau Müller sieht, dass sich ihre Klasse sehr engagiert.
C Wir finden es gut, dass jetzt mehr gesundes Essen angeboten wird.
D Nur manche befürchten, dass sie ihr Lieblingsgericht nicht mehr bekommen.

Dass-Sätze

Zu den Nebensätzen gehören auch **dass-Sätze**. Sie beginnen mit der **Konjunktion „dass"**. Vor „dass" musst du ein **Komma** setzen. Zum Beispiel: Es gefällt mir nicht(,)**dass** es regnet.
Dass-Sätze enthalten eine Information, die zum Verstehen des Hauptsatzes wichtig ist.

Das kannst du dir merken

2 **Bilde** aus den Satzanfängen und den Sätzen im Wortspeicher Satzgefüge mit dass-Sätzen. Denke daran, dass im Nebensatz die Personalform des Verbs am Ende steht.

A Der Lehrer lobt, dass … _____

> Die Klasse 8a will gesundes Essen.

B Alle freuen sich, dass … _____

> Es gibt gesundes Mensaessen.

C Die Schüler sagen, dass … _____

> Das Projekt ist spannend.

Subjekt, Prädikat, Objekt – bekannte Satzglieder wiederholen

1 **Untersuche** die Satzglieder in dem folgenden Satz.

a) Stelle den Satz einmal um. **Schreibe** den Satz auf die Linie.

Die Köchin schneidet das frische Gemüse.

_____

b) **Schreibe** die Wörter, die beim Umstellen zusammengeblieben sind, in der linken Spalte jeweils in eine Zeile.

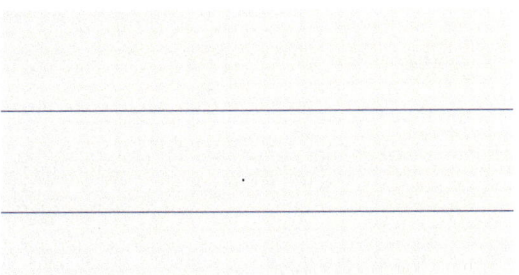

Wen oder was …?
(Akkusativobjekt)

Wer oder was …?
(Subjekt)

Was tut …?
(Prädikat)

c) **Verbinde** die Satzglieder durch Linien mit den passenden Satzgliedfragen.

2 Untersuche die Satzglieder in dem folgenden Satz. Gehe so vor wie in Aufgabe 1. **Schreibe** in dein Heft oder nutze das Arbeitsblatt.

Die Schülerinnen und Schüler mögen gesundes Mensaessen.

🔲 Digital+
Arbeitsblatt
WES-127536-023

Satzglieder bestimmen
Satzglieder sind die Bausteine des Satzes. Die einzelnen Satzglieder im Satz kannst du mit der **Umstellprobe** ermitteln. Die Wörter, die beim Umstellen zusammenbleiben, bilden ein Satzglied.
Die Satzglieder kannst du mit den **Satzgliedfragen** bestimmen:
- Nach dem **Subjekt** fragst du mit „Wer oder was …?".
- Nach dem **Prädikat** fragst du mit „Was tut/geschieht …?".
- Nach dem **Dativobjekt** fragst du mit „Wem …?".
- Nach dem **Akkusativobjekt** fragst du mit „Wen oder was …?".

Das kannst du dir merken

3 **Schreibe** unter jeden Satz, ob es sich bei den unterstrichenen Satzgliedern um ein Dativobjekt oder ein Akkusativobjekt handelt.

A Obst und Gemüse stärken <u>die Abwehrkräfte.</u>

_____ Akkusativobjekt _____

B Der Schulkiosk verkauft <u>Äpfel und Bananen.</u>

_____

C Die weiße Mütze gehört <u>dem Koch.</u>

_____

D Natascha mixt <u>einen leckeren Smoothie.</u>

_____

E Darja hilft <u>ihrer Oma</u> beim Kochen.

_____

4 **Ergänze** in den Sätzen die in Klammern angegebenen Objekte. Denke daran, dass Nomen und ihre Artikel dekliniert werden müssen.

A Marie schält _____. (ein Apfel)

B Max schaut _____ beim Kochen zu. (sein Vater)

C Elian reicht _____ den Kochlöffel. (die Köchin)

D Morgens esse ich _____ mit Joghurt. (ein Müsli)

5 Entscheide, ob es sich bei den Satzgliedern in Aufgabe 4 um Akkusativobjekte oder Dativobjekte handelt. **Ordne** die Buchstaben vor den Sätzen in die Tabelle **ein**.

Akkusativobjekt	Dativobjekt

Ein Satzglied unter der Lupe – die adverbiale Bestimmung

Adverbiale Bestimmungen

Adverbiale Bestimmungen machen **Angaben zu den näheren Umständen** eines Geschehens. Die verschiedenen adverbialen Bestimmungen kann man mit unterschiedlichen **Satzgliedfragen** ermitteln. Adverbiale Bestimmung ...

- ... der Zeit: Wann? Wie lange?
- ... des Ortes: Wo? Wohin?
- ... der Art und Weise: Wie?
- ... des Grundes: Warum?

Das kannst du dir merken

---

1 Bestimme die unterstrichenen adverbialen Bestimmungen. **Verbinde** dazu die Sätze mit den passenden Satzgliedfragen.

A In der Kochsendung wird gezeigt, wie man leckere Gerichte zubereitet.

Wie?

B Die Sendung läuft um 19 Uhr im Fernsehen.

Wann?

C Die Schritte beim Kochen werden klar und einfach erklärt.

Warum?

D Ich schaue die Sendung, weil ich neue Rezepte lernen möchte.

Wo?

---

2 **Ergänze** die Sätze durch adverbiale Bestimmungen.

A Ich schaue mir _____ Kochsendungen an.

B Meine liebste Kochsendung kommt _____.

C Ich mag die Sendung _____.

D Wenn ich die Sendung anschaue, sitze ich _____.

am Sonntag-abend •
wegen der vielen tollen Rezepte •
auf dem Sofa •
gern

---

3 Bestimme die adverbialen Bestimmungen in den Sätzen von Aufgabe 1. **Ordne** die Buchstaben vor den Sätzen in die Tabelle **ein**.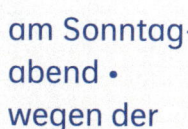

Zeit	Ort	Art und Weise	Grund

Kein eigenes Satzglied, sondern ein Satzgliedteil – das Attribut

1 In den folgenden Sätzen sind die Attribute markiert. **Stelle** jeden Satz einmal **um**.

A Zu den Nährstoffen der Avocado gehören Vitamine und Fette.

_____

_____

B Avocados werden aber in fernen Ländern angebaut.

_____

_____

C Gemüse aus dem eigenen Garten ist besser für die Umwelt.

_____

_____

2 **Markiere** in jedem Satz das Bezugswort, zu dem das Attribut gehört.

3 **Unterstreiche** im folgenden Satz das Attribut und **markiere** das Bezugsnomen.

Die Gartenarbeit macht außerdem viel Spaß.

Das kannst du dir merken

Das Attribut
Das **Attribut** ist kein eigenes Satzglied, sondern **Teil eines Satzgliedes**. Attribute beschreiben Nomen genauer und beziehen sich auf sie. Attribute können bei der **Umstellprobe** nur zusammen mit ihrem **Bezugsnomen** umgestellt werden. Zum Beispiel:
Ich esse oft frisches **Gemüse**. –> Frisches **Gemüse** esse ich oft.

Attribut	Bezugsnomen	Attribut	Bezugsnomen

Ein Attribut kann aus einem Wort, einer Wortgruppe oder einem Nebensatz bestehen.

126

Alles klar? – Teste dich selbst!

1 **Unterstreiche** in den folgenden Satzgefügen die Relativsätze.

Bei meiner Ernährung achte ich auf Lebensmittel, die nachhaltig sind. Mein Müsli esse ich mit Hafer, der vom Bio-Bauernhof stammt. Ich bereite das Müsli nach einem Rezept zu, das ich im Internet gefunden habe. Zum Frühstück trinke ich Milch, die in einer Pfandflasche verkauft wird.

2 **Kreise** in den Sätzen die Relativpronomen **ein** und **markiere** die Bezugsnomen.

3 **Bilde** aus den Satzanfängen und den Sätzen im Wortspeicher Satzgefüge mit dass-Sätzen.

A Es freut Cem sehr, dass ... _____

Lisa schmeckt die Suppe.

B Fachleute empfehlen, dass ... _____

Wir essen täglich Gemüse.

4 Mache mit dem folgenden Satz die Umstellprobe. **Stelle** den Satz einmal **um**.

Die Kellner des Restaurants servieren gleich das Essen.

_____

5 **Markiere** die Satzglieder <mark>Subjekt</mark>, <mark>Prädikat</mark>, <mark>adverbiale Bestimmung</mark> und <mark>Objekt</mark> in unterschiedlichen Farben.

6 **Schreibe** die Satzgliedfrage **auf,** mit der du die adverbiale Bestimmung ermittelst.

_____

7 Um welche Art von Objekt handelt es sich? **Kreuze an.**

☐ Akkusativobjekt   ☐ Dativobjekt

8 In dem Satz gibt es ein Attribut. **Kreise** das Attribut **ein** und **unterstreiche** das Bezugsnomen.

Textquellen

S. 6: **Das Lesen.** Peter Bichsel, aus: Ders.: Der Leser. Das Erzählen. Frankfurter Poetik-Vorlesungen. Frankfurt am Main: Suhrkamp Taschenbuch Verlag 1997. S. 40. © Suhrkamp Verlag, Frankfurt am Main (verändert). S. 11: **Ein Distanzlerntag pro Woche – wie können Schulen das umsetzen?** Regina Köhler, aus: Dies.: Ein Digitaltag pro Woche – wie können Schulen das umsetzen? Deutsches Schulportal der Robert Bosch Stiftung, 11.10.2022, aktualisiert am 25.10.2022. Online unter: https://deutsches-schulportal.de/unterricht/sekundarschule-bismark-ein-digitaltag-pro-woche-wiekoennen-schulen-das-umsetzen [16.01.24] (verändert). S. 31: **Klimawandel und die Tiere der Arktis.** aus: Notruf vom Nordpol – Eisschmelze macht Walross, Rentier und Eisbär zu schaffen. © WWF Deutschland 2023, Stand: 25.09.2020. Online unter: https://www.wwf.de/themen-projekte/projektregionen/arktis/notruf-vomnordpol-eisschmelze-macht-walross-rentier-und-eisbaerzu-schaffen [16.01.24] (verändert). S. 32, 33–34: **Partnerarbeit.** Stefanie Dominguez, aus: P.A.U.L. D. Oberstufe. Hg. von Johannes Diekhans und Michael Fuchs. Paderborn: Schöningh 2013. S. 52 (verändert). S. 32, 36: **Frost.** Elisabeth Steinkellner, aus: Dies.; Weiss, Michaela: Die Nacht der Falter und ich. Tyrolia-Verlag: Innsbruck/Wien 2016. S. 68–69 (verändert). S. 32, 39–40: **Liebe Mom, lieber Dad.** Irene Dische, aus: Dies.: Lieben = Loves. Aus dem Englischen von Reinhard Kaiser und anderen. Hamburg: Hoffmann und Campe 2007. S. 149–152 (verändert). S. 42: **Schlittenfahren.** Helga M. Novak, aus: Dies.: Palisaden. Erzählungen 1967–1975. Darmstadt und Neuwied: Luchterhand Verlag 1980. S. 62–63 (verändert). S. 45: **Wie lange dürfen Kinder vor einem Bildschirm sitzen?** Stefanie Uhrig, aus: quarks.de. Online unter: https://www.quarks.de/gesellschaft/wie-lange-duerfen-kinder-vor-einem-bildschirm-sitzen [16.01.24] (verändert). S. 51: **Düsseldorf (wgr/dpa) – Schulministerin Yvonne Gebauer …,** aus: Zeugnis bei Instagram posten? – Schulministerin rät ab. wgr / © dpa, 07.02.2019. Online unter: https://www.sueddeutsche.de/bildung/schulen-duesseldorf-zeugnis-bei-instagramposten-schulministerin-raet-ab-dpa.urn-newsml-dpacom-20090101-190207-99-884363 [16.01.24] (verändert). S. 52: **Mahnung an Schüler: Zeugnisse nicht ins Internet.** Leandra Kubiak, aus: Neue Westfälische, 08.02.2019 (verändert). S. 54: **Niemand braucht einen E-Scooter!** Patrick Bruckner, aus: Stadtzeitung Augsburg, 31.08.2019 (verändert). S. 57: **Spielabbruch nach Faustschlag in Bremen,** aus: Nordsee-Zeitung, 28.08.2023. Online unter: https://www.nordsee-zeitung.de/Sport/Spielabbruch-nach-Faustschlagin-der-Fussball-Kreisliga-Bremen-158397.html [16.01.24] (verändert). S. 59: **Steckbrief Gärtnerin,** aus: berufenet.de. © Bundesagentur für Arbeit 2024. Stand: 08.12.23. Online unter: https://web.arbeitsagentur.de/berufenet/beruf/steckbrief/579 [16.01.24] (verändert). S. 60: **Steckbrief Verkäuferin,** aus: berufenet.de. © Bundesagentur für Arbeit 2024. Stand: 08.12.23. Online unter: https://web.arbeitsagentur.de/berufenet/beruf/steckbrief/6649 [16.01.24] (verändert). S. 64: **Steckbrief Beikoch,** aus: berufenet.de. © Bundesagentur für Arbeit 2024. Stand: 08.12.23. Online unter: https://web.arbeitsagentur.de/berufenet/beruf/steckbrief/3747 [16.01.24] (verändert). S. 66: **Das Herz eines Boxers,** aus: Kultur Räume Gütersloh, Gütersloh. Online unter: https://www.theater-gt.de/veranstaltung/das-herz-eines-boxers [26.09.23] (verändert). S. 67, 69, 71, 73, 74, 75: Das Herz eines Boxers, 1.–3. Szene (Auszüge 1–3). Lutz Hübner, aus: Ders.: Das Herz eines Boxers. Ein Jugendtheaterstück. © Hartmann & Stauffacher Verlag, Köln 1996 (verändert). S. 76, 77: **Das Paradies** (Auszug). Bosse, aus: Ders.: Sunnyside. Vertigo. Universal Music Group 2021. Text: Bosse, Axel © Oton Verlag, Berlin. S. 76, 80–81: **An Tagen wie diesen** (Auszug). Fettes Brot, aus: An Tagen wie diesen. Fettes Brot Schallplatten (FBS) 2005. Text: Bolland, Ferdinand; Bolland, Robert; Lauterbach, Boris; Hölzel, Johann; Vandreier, Martin; Warns, Björn © Fettes Brot Schallplatten GmbH; Hanseatic Musikverlag GmbH & Co. KG, Hamburg; Rolf Budde Musikverlag GmbH, Berlin; Warner Chappell Music Holland BV/Neue Welt Musikverlag GmbH, Hamburg. S. 76, 82: **Warm im Altenheim** (Auszug). Das Lumpenpack, aus: Emotions. Roof Records 2021. Text: Kennel, Max; Frömming, Jonas © Kennel, Max, Frömming, Jonas.

Bildquellen

|action press, Hamburg: die bildstelle/REX FEATURES LTD. 24.2. |Alamy Stock Photo (RMB), Abingdon/Oxfordshire: Pacific Press Media Production Corp. 80.1; Pey, Frank 21.3; Realimage 20.2; Tack, Jochen 11.1. |Berghahn, Matthias, Bielefeld: 28.1. |Carlsen Verlag GmbH, München: 8.2. |ddp images GmbH, Hamburg: Hannemann, Mirko 76.3. |fotolia.com, New York: DragonImages 63.1; FM2 19.1. |Imago, Berlin: VISTAPRESS / Lana Yassi 76.2. |iStockphoto.com, Calgary: adventtr 54.1; AndreaObzerova 79.1; Andrii Zastrozhnov 49.1; AntonioGuillem 41.1; da-kuk 5.1; FatCamera 108.1; halbrindley 31.2; marieclaudelemay 5.2; mediaphotos 7.2; natatravel 87.1; SeventyFour 7.3; sqback Titel; Steve Debenport 29.1, 30.1; Wavebreak 123.1; YakobchukOlena Titel. |Kartographie Michael Hermes, Hardegsen Hevensen: 27.1. |Lottermoser, Elisabeth, Gütersloh: 102.1. |mauritius images GmbH, Mittenwald: pa / Frank May 52.1. |Mithoff, Stephanie, Egestorf: 104.1, 104.2. |Picture-Alliance GmbH, Frankfurt a.M.: Dennis Duddek/ Eibner Pressefoto 82.1; Hauke-Christian Dittrich 77.1; Keystone/Bally, Gaetan 6.1; Kirsten Nijhof 76.1; Oliver Berg 51.1. |Schäfer, Anke, Laubach: 32.1, 32.2, 32.3, 33.1, 36.1, 39.1, 42.1, 42.2, 42.3, 42.4, 42.5. |Schwarzstein, Yaroslav, Hannover: 112.1, 113.1, 114.1, 115.1, 117.1, 118.1. |Shutterstock.com, New York: ALPA PROD 58.2; Andrey_Popov 57.1, 125.1; DejaVuDesigns 21.2; Dmitry Kalinovsky 58.3, 64.1; G-Stock Studio 48.1; Hindstroem, Jari 109.2; Hrecheniuk Oleksi 58.1; i-m-a-g-e 101.1; Incredible Arctic 21.1; Lilkin 110.1; Mabeline72 126.1; Matej Kastelic 124.1; oliver_schulz 107.1; Production Perig 59.1; Vasyl Shulga 105.1; Vladimir Melnik 31.1; voronaman 61.1. |stock.adobe.com, Dublin: aaabbc 85.1; Alexey Seafarer 20.1; alexpolo 24.1; contrastwerkstatt 50.1; HighwayStarz 14.1; Iakov Filimonov 45.1; insta_photos 8.1; Kara 9.1; oatawa 50.2; OMER KELES 50.3; Pormezz 17.1; Rido 15.1; Seybert, Gerhard 122.1; sururu 110.2; Urupong 44.1; Valerii Honcharuk 10.1; Vincek, Daniel 121.1; VRD 120.1; zefart 109.1; ©Lisa F. Young 47.1. |Theater Spielzeit - Mobiles Kinder- und Jugendtheater Landshut, Landshut: Szenenfoto aus „Das Herz eines Boxers" von Lutz Hübner. Inszenierung von „Theater Spielzeit/Mobiles Kinder- und Jugendtheater Landshut", Regie: Nikol Putz und Gernot Ostermann. Leo: Gernot Ostermann, Jojo: Yannick Zürcher. Fotos: Doris Leonard; https://www.theater-spielzeit.de/stücke/das-herz-eines-boxers/ 66.1. |Tom Pingel Fotografie, Hamburg: „Das Herz eines Boxers" Produktion JES Stuttgart 2007 67.1, 69.1, 71.1, 73.1, 74.1, 75.1. |überzwerg - Theater am Kästnerplatz, Saarbrücken: Bernd Kissel 66.2. |Wefringhaus, Klaus, Braunschweig: 5.3, 7.1, 12.1, 90.1, 90.2, 90.3, 91.1, 91.2, 92.1, 93.1, 93.2, 94.1, 95.1, 98.1. |West Wigtownshire Tambourelli, http://westwigtownshiretambourelli.blogspot.co.uk: Foto Tambourelli-Schläger unter der Lizenz CC-BY SA 4.0 111.1.

P.A.U.L. D. 8
Arbeitsbuch Inklusion

Lösungen
ISBN 978-3-14-127536-0

Was liest du? –
Über Bücher sprechen und
über das Lesen nachdenken

Seite 5

1 C: Lesen braucht man, um Anleitungen und Rezepte zu verstehen. A: Lesen ist entspannend. B: Lesen gehört zum Lernen.

2 + **3** Individuelle Lösungen

Seite 6

2 X Er muss das langweilige Buch lesen, weil seine Eltern das wollen.

3 Er fühlte sich allen ohne Buch <u>überlegen</u>.

4 Individuelle Lösung

Seite 7

2 C: Buchhandlung, A: Internet, B: Freundin oder Freund fragen

3 + **5** Individuelle Lösungen

Seite 8

2 X um Mascha, die zwei Kinder retten will und sie dazu entführt

3 **Mögliche Lösung:**
unterstreichen: Das Buch wirft spannende Fragen auf. (Zeile 9) Spannend wird die Geschichte auch dadurch, dass viele Dinge erst nach und nach herauskommen. (Zeilen 12–13) Es ist spannend und für Jugendliche ab 13 Jahren sehr gut geeignet. (Zeile 16)

4 Individuelle Lösung

Seite 9

1 + **2** Individuelle Lösungen

Schule der Zukunft –
sachlich und überzeugend
argumentieren

Seite 10

1 X Distanzlerntag

2 Pro-Standpunkt (dafür): Rebekka
Kontra-Standpunkt (dagegen): Franzi

3 <u>Die Ruhe zu Hause zum Lernen finde gut.</u> (Rebekka)
<u>Das Internet kann ausfallen, dann ist kein digitaler Unterricht möglich.</u> (Franzi)

Seite 11–12

2 richtig: An einem Distanzlerntag lernen die Schülerinnen und Schüler zu Hause. Die Aufgaben werden nach dem Stundenplan freigeschaltet.

3 Der Distanzunterricht dauert sechs Stunden.
Die Schülerinnen und Schüler arbeiten zu Hause mit Tablets oder am Computer.
Fragen werden mit der Lehrkraft im Chat geklärt.

5 Für einen Distanzlerntag: Yannik, Moritz, Kubilay
Gegen einen Distanzlerntag: Rebekka, Sevim, Franzi

6 **pro (ja):** So kann jeder im eigenen Lerntempo arbeiten!
An einem Distanzlerntag kann man sich morgens mehr Zeit zum Aufstehen lassen, weil die Aufgaben erst um 18 Uhr fertig sein müssen.
Ein Distanzlerntag ist wichtig, um die Schülerinnen und Schüler auf die digitale Welt vorzubereiten.
kontra (nein): Es ist aber schwierig, sich den Lerntag selbst einzuteilen.
Wenn alle Fragen haben, können die nicht mal eben im Chat beantwortet werden.
Das Internet kann mal ausfallen. Dann kann kein digitaler Unterricht stattfinden.

Seite 13–14

2 der Beleg: rot, die Meinung: grün, die Begründung: blau

3 grün: Der Distanzlerntag gefällt mir.
blau: Man spart dadurch Zeit.

4 der Beleg

5 X Mein Freund braucht zum Beispiel eine Stunde für den Schulweg. Am Distanzlerntag kann er morgens sofort anfangen zu arbeiten.

6 Der Distanzlerntag gefällt mir. Man spart dadurch Zeit. Mein Freund braucht zum Beispiel eine Stunde für den Schulweg. Am Distanzlerntag kann er morgens sofort anfangen zu arbeiten.

8 + **9**

A Ich bin gegen einen Distanzlerntag. (grün) Nicht alle haben die gleichen Möglichkeiten zu Hause. (blau) Manche meiner Freundinnen und Freunde haben zum Beispiel zu Hause keinen ruhigen Platz zum Arbeiten. (rot)

B Ich bin für einen Distanzlerntag. (grün) In manchen Fächern hat man dadurch Vorteile. (blau) Zum Beispiel in Hauswirtschaft: Alle können in der eigenen Küche kochen oder backen. (rot)

C Ich finde den Distanzlerntag nicht gut. (grün) In manchen Fächern ist es schwierig, allein zu lernen. (blau) Ich kann mir zum Beispiel Mathe nicht selbstständig beibringen. (rot)

Seite 15–16

2 X gegen einen Distanzlerntag

3 **1. Argument:** Wir finden einen Distanzlerntag schwierig (grün), denn zu Hause wird man beim Lernen häufiger abgelenkt (blau). Zum Beispiel haben nicht alle aus unserer Klasse ein eigenes Zimmer und einen ruhigen Platz zum Arbeiten. (rot)

2. Argument: Wir wollen außerdem lieber in der Schule lernen (grün), weil wir gerne zusammen in der Klasse arbeiten (blau). Wir können uns zum Beispiel bei Partnerarbeit oder Gruppenarbeit gegenseitig helfen und unterstützen. (rot)

6 Meine Meinung: Ich bin für einen Distanzlerntag.

7 **1. Argument:** man lernt, mit dem Computer umzugehen
2. Argument: manche brauchen länger für die Aufgaben und haben zu Hause mehr Zeit dafür
3. Argument: Hauswirtschaft: in der eigenen Küche kochen oder backen

Seite 17–18

1 + **2** Individuelle Lösungen

Seite 19

2 Für einen Distanzlerntag: Jan
Gegen einen Distanzlerntag: Anna

3 Jan: Ich bin für einen Distanzlerntag (grün), denn meine Busfahrt zur Schule ist lang (blau). Ich habe zum Beispiel mehr Lernzeit, wenn ich zu Hause arbeite. (rot)
Anna: Der Distanzlerntag gefällt mir nicht. (grün) Der Austausch in den Pausen stärkt zum Beispiel den Zusammenhalt in der Klasse und bringt Entspannung. (rot)

4 die Begründung

5 X …, weil man keine gemeinsamen Pausen mit der Klasse hat.

6 Der Distanzlerntag gefällt mir nicht, weil man keine gemeinsamen Pausen mit der Klasse hat. Der Austausch in den Pausen stärkt zum Beispiel den Zusammenhalt in der Klasse und bringt Entspannung.

Die Arktis und wir – Materialien auswerten und präsentieren

Seite 20

1 **Mögliche Lösung:**
Eisbären, Eismeer, Nordpol, Kälte

3
a) Die Arktis liegt rund um den Nordpol.
b) Im Sommer geht die Sonne nicht unter. Im Winter geht die Sonne nicht auf.
c) In der Arktis kann es bis minus 50 Grad werden.
d) Die Arktis verändert sich durch den Klimawandel. Das merkt man daran, dass es dort immer weniger Eis gibt.

Seite 21–23

1 X Polarlichter X Eiswüste X Eisbrecher

3 In dem Text geht es um die Arktis mit ihrem Wechsel zwischen Polartag und Polarnacht, um das Klima in der Arktis und um die Polarforschung.

5
A: Besonderheiten der Arktis
B: Das arktische Klima
C: Polarforschung

6 A – 3, B – 5, C – 4, D – 2, E – 1

8 + **9**
a) In der Arktis gibt es einen Wechsel zwischen Polartag und Polarnacht.
b) ein Leuchten am Himmel, das durch elektrisch geladene Teilchen entsteht
c) Ein Teil des Arktischen Ozeans ist das ganze Jahr mit Eis bedeckt.
d) Im Winter kann es minus 50 Grad kalt werden. In der südlichen Arktis kann es im Sommer 20 Grad warm werden.
e) in der zweiten Hälfte des 19. Jahrhunderts
f) um das Klima auf der ganzen Welt besser zu verstehen

Seite 24–26

2 In den Texten geht es um Polarsommer und Polarwinter sowie um die Tiere und Pflanzen in der Arktis.

4 M 1: Polarsommer und Polarwinter
M 2: Tiere und Pflanzen in der Arktis

6 + **8**
a) In der Arktis ist es immer kalt.
b) Im Polarsommer geht die Sonne nicht unter. Im Polarwinter geht die Sonne nicht auf.
c) Die eisfreie Landschaft in der Arktis ist (daher) sehr kahl.

7 + **8**
a) Eisbär, Walrosse, Robben, Schneefüchse, Rentiere, Karibus und über 1000 Insektenarten
b) Der Eisbär ist das bekannteste Tier der Arktis. Er lebt nur hier.
c) Flechten, Gräser und Moose

10 X Die Durchschnittstemperatur zeigt, wie warm oder kalt es im Durchschnitt über einen bestimmten Zeitraum ist.

11
a) Die bunte Zeile zeigt die Durchschnittstemperatur der Monate Januar bis Dezember an.
b) Im Juli war es am wärmsten.
c) Die Temperatur lag in 9 Monaten unter 0 Grad.

12 einkreisen: kalt, Frost, 5

Seite 27–28

2 Das Diagramm informiert über die Entwicklung der Eisfläche in der Arktis von 1980 bis 2023.

3 X Säulendiagramm

4
a) X die Jahre 1980 bis 2023
b) X die Eisfläche
c) X die Eisfläche im Polarwinter
d) X die Eisfläche im Polarsommer
e) Im Sommer nimmt die Eisfläche ab. Im Winter nimmt die Eisfläche wieder zu. In den Jahren 1980 bis 2023 hat die Eisfläche insgesamt abgenommen.

5 Das Diagramm ist ein <u>Säulendiagramm</u>. Es informiert über <u>die Entwicklung der Eisfläche in der Arktis</u>. Auf der x-Achse (waagerecht) sind die <u>Jahre 1980 bis 2023</u> dargestellt. Auf der y-Achse (senkrecht) ist die <u>Eisfläche</u> dargestellt. Die dunkelblauen Säulen zeigen <u>die Eisfläche im Polarsommer</u>. Die hellblauen Säulen zeigen <u>die Eisfläche im Polarwinter</u>. Man erkennt, dass die Eisfläche im Lauf der Jahre <u>abgenommen hat</u>.

Seite 29–30

2 Tipps für die Vorbereitung: 1, 2, 5, 7, 8, 10
Tipps für die Durchführung: 3, 6, 9
Tipps für die Nachbereitung: 4, 11

3 Die Arktis: Gebiet um den Nordpol, ganzes Jahr über von Eis bedeckt, Eisdecke im Durchschnitt 3,5 Meter
Polarwinter und Polarsommer: Winter: Sonne geht nicht auf; Polarlicht; Sommer: Sonne geht nicht unter (Mitternachtssonne).
Arktisches Klima: bis minus 50 Grad kalt; in der südlichen Arktis im Sommer bis zu 20 Grad warm
Tiere und Pflanzen: Tiere: Eisbär, Walrosse, Robben, Schneefüchse, Rentiere, Karibus und Insekten; Pflanzen: Flechten, Moose und Gräser
Entwicklung der Eisfläche: Eisfläche nimmt im Sommer ab und im Winter zu. Insgesamt gibt es immer weniger Eis.

4 **Mögliche Lösung:**
Die Arktis: Temperaturen: <u>bis minus 50 Grad, in der südlichen Arktis bis zu 20 Grad im Sommer</u>; Tiere: andere Tiere: <u>Walrosse, Robben, Schneefüchse, Rentiere, Karibus und Insekten</u>; Polarwinter und Polarsommer: kurzer Sommer: <u>Sonne geht nicht unter (Mitternachtssonne)</u>; Pflanzen: Pflanzenarten: <u>Flechten, Moose und Gräser</u>; Entwicklung der Eisfläche: Entwicklung insgesamt: <u>Eisfläche nimmt ab</u>

5 X Ich gliedere den Kurzvortrag nach den Überschriften auf den Karteikarten. X Ich nutze die Karteikarten zur Unterstützung, wenn mir etwas nicht einfällt.

6 X Ich komme bei der Gliederung nicht durcheinander. X Die Stichworte unterstützen mich, sodass ich nichts vergesse.

Seite 31

2 In dem Text geht es um die Tiere in der Arktis und die Folgen des Klimawandels.

3 A: Die weißen Könige der Arktis sind bedroht; B: Gedränge an den Küsten

4 + **5**
a) Eis der Arktis (…) schmilzt
b) (Es) kommen weniger junge Eisbären zur Welt.
c) (Sie) sammeln sich (…) an der Küste.

Schwierige Beziehungen? – Kurze Erzählungen untersuchen

Seite 32

4 A – 2, B – 3, C – 1

Seite 33–34

2 richtig: Ben setzt sich neben Tessa, weil Maik krank ist.
Die anderen aus der Klasse lachen oft über Tessa.

3 Keiner aus der Klasse sitzt gern neben Tessa.
Tessa freut sich nicht / erschreckt sich, als Ben sich neben sie setzt.
Ben sagt den letzten Satz in der Geschichte.

5 A – 3, B – 4, C – 1, D – 2

Seite 35

2 A – 3, B – 5, C – 4, D – 1, E – 2

Seite 36–38

2 X um zwei Jugendliche, die sich nicht mögen und miteinander streiten

3 Ich: Ah ja? Spricht man auf Gran Canaria nicht Spanisch? Seit wann kannst du bitte Spanisch?
Du: (schweigt)
Ich: Wieso laberst du immer so einen

Scheiß, den dir eh niemand glaubt?
Du: (schweigt)
Ich: Du willst dich wohl wichtigmachen.
Willst wohl, dass dich alle toll finden. Ist
aber nicht so. Im Gegenteil. Eigentlich
finden dich alle ziemlich blöd.
Du: Ja, weiß ich. Ihr zeigt mir ja ständig,
wie blöd ihr mich alle findet. Aber was
wäre so falsch daran, wenn mich auch
mal wer toll findet? Fühlst dich wohl größer, wenn du andere beleidigst. Tja dann,
ein schönes Leben noch!

6 4 Das Ich glaubt dem Du nicht und sagt,
dass niemand das Du mag.
2 Das Ich antwortet nur mit einem Wort.
5 Das Du wirft dem Ich vor, dass es sich
gemein verhält.
1 Das Du spricht auf der Straße das Ich
an.
3 Das Du erzählt, dass es in den Ferien
nach Gran Canaria fliegt.

7 Ich: Du willst dich wohl wichtigmachen.
(Zeile 17)
Du: Fühlst dich wohl größer, wenn du
andere beleidigst (Zeile 25)

8 Das Du will nichts mehr mit dem Ich zu
tun haben. Es wünscht dem Ich noch
ein schönes Leben und läuft davon. Das
Ich ärgert sich zwar sehr und tritt gegen
einen Haufen aus Schnee. Aber es schaut
dem Du trotzdem hinterher.

9 Individuelle Lösung

10 X weil man die Beziehung der beiden Personen als frostig beschreiben kann

Seite 39–40

2 Individuelle Lösung

3 richtig: Sarah hat sich über ihre Eltern
geärgert.
Sarah erfindet eine schreckliche Geschichte.

4 Sarahs Eltern mögen Ralf nicht.
Sarah hatte keinen Unfall und hat sich
nicht schwer verletzt.
Sarah ist (im fünften Monat) schwanger.

5 A – 2, B – 5, C – 4, D – 3, E – 1

Seite 41

1 a) Sarah, Ralf, Sarahs Eltern, Jackie, indische Familie
b) Eine Tochter schreibt ihren Eltern einen
Brief, in dem sie von einem schlimmen
Unfall berichtet.
c) Am Ende des Briefes erfährt man,
dass Sarah die Geschichte mit dem
Unfall erfunden hat. In Wahrheit ist sie
schwanger und hat gerade geheiratet.

3 In der Kurzgeschichte „Liebe Mom, lieber
Dad" von Irene Dische geht es um Sarah,
die ihren Eltern einen Brief schreibt.
Sarah berichtet in dem Brief, dass sie
nach einem Unfall im Krankenhaus ist.
Sie schreibt, dass sie nach einem Streit
mit den Eltern mit einem anderen Auto
zusammengestoßen ist. Bei dem Streit
ging es um Sarahs Beziehung zu Ralf,
den die Eltern nicht mögen. Sarah erzählt, dass bei dem Unfall ihre beste
Freundin Jackie und vier Menschen aus
dem anderen Auto gestorben sind. Am
Ende des Briefes schreibt Sarah, dass sie
sich die Geschichte ausgedacht hat. Sie
berichtet, dass sie schwanger ist und Ralf
geheiratet hat. Sie wollte nur, dass die
Eltern diese Nachricht richtig einschätzen
können.

Seite 42–43

2 X um zwei Kinder, die sich um einen
Schlitten streiten, und ihren Vater

3 richtig: Die Kinder streiten sich um den
Schlitten.
Der Vater kümmert sich nicht um die Kin-
der, sondern brüllt sie nur an.
Der Vater bekommt nicht mit, dass eines
der Kinder in den Bach gefallen ist.

4 Die Kinder sind unterschiedlich alt.
Das kleinere Kind gibt den Schlitten nicht
mehr her.
Am Ende fällt das kleinere Kind in den
Bach.

6 3 Das größere Kind lässt das kleinere mit
dem Schlitten fahren.
5 Andreas fällt in den Bach, aber der
Vater bekommt das nicht mit.

1 Zwei Kinder streiten sich um einen Schlitten.

4 Das größere Kind ruft den Vater, weil es auch Schlitten fahren will.

2 Der Vater kommt aus dem Haus und schimpft mit den Kindern.

7 A – 3, B – 1, C – 2

Ich und das Internet – die Mediennutzung reflektieren

Seite 44

2 Individuelle Lösung

3 Vorteile: Zugang zu Informationen, Vernetzung mit anderen, Online-Shopping
Nachteile: Fake News, Ablenkung, Suchtgefahr

4 Individuelle Lösung

Seite 45

2 richtig: Kindern bis 10 Jahre soll man regelmäßig vorlesen. 15-Jährige sollen höchstens 2,5 Stunden pro Tag am Bildschirm verbringen.

3 + **4** Individuelle Lösungen

Seite 46

1 + **2** + **3** + **4** + **5** Individuelle

Lösungen

Seite 47

2 2 Man verbringt nur so viel Zeit online, wie man selbst festlegt.
1 Man wird weniger abgelenkt.
5 Man ist nicht mehr von Zeitfressern abhängig.
4 Man unternimmt mehr Dinge mit Freunden und Familie.
3 Man kann besser schlafen.

3 Individuelle Lösung

Seite 48

2 richtig: Erfolgreiche Influencer haben viele Follower. Manche Influencer machen Werbung in ihren Videos.

3 Individuelle Lösung

Seite 49

1 + **2** Individuelle Lösungen

3 X Personen, die mit ihren Beiträgen im Internet über Werbung Geld verdienen.

4 Individuelle Lösung

Zeitungen, Nachrichten, Fake News ... – sich über aktuelle Themen informieren

Seite 50

1 A: Zeitschriften, B: Internet, C: Fernsehen

2 + **3** Individuelle Lösung

Seite 51–53

2 + **3**

Wer ...? Schulministerin Yvonne Gebauer
Was ...? Zeugnisse nicht in sozialen Medien (zu) posten
Wann ...? kurz vor den Ferien
Wo ...? Düsseldorf, Nordrhein-Westfalen
Warum ...? Risiko zu groß, dass ein persönliches Dokument wie ein Zeugnis im Internet verbreitet wird

5 A – 2, B – 1, C – 4, D – 3

6 A: Mahnung an Schüler: Zeugnisse nicht ins Internet, B: Von Leandra Kubiak, C: Zeilen 1–5, D: Zeilen 6–22

7 Schlagzeile: X Bericht
Nachrichtenagentur angegeben: X Meldung
Verfasserin genannt: X Bericht
kurzer Text mit wenigen Informationen: X Meldung

längerer Text mit vielen Informationen:
X Bericht
Zitate von Fachleuten: X Bericht

8 Yvonne Gebauer, Schulministerin von Nordrhein-Westfalen: auch gute Zeugnisse nicht im Internet posten; Gewerkschaft GEW und der Verband VEB: persönliche Dokumente wie Zeugnisse nicht in den sozialen Medien posten; Jessica Waniak, Verein Digitalcourage: ein Bild vom Zeugnis zu veröffentlichen kann Jahre später noch Probleme machen; Nils Schröder, Fachmann für Datenschutz: veröffentlichte Informationen können kopiert und weiter veröffentlicht werden

Seite 54–55

2 richtig: … ist gegen den Einsatz von E-Scootern.

3 X Mit dem Fahrrad oder zu Fuß lassen sich kurze Strecken umweltfreundlicher zurücklegen als mit E-Scootern.
X E-Scooter tragen nicht dazu bei, dass die Menschen weniger Auto fahren. X Abgestellte E-Scooter versperren Wege in der Stadt und in Parks. X E-Scooter sind nicht umweltfreundlich, weil die Akkus oft gewechselt werden müssen.

4 + **5** Individuelle Lösung

7 Ein Zeitungsbericht informiert sachlich über Hintergründe und Zusammenhänge. In einem Kommentar äußert jemand seine persönliche Meinung zu einem Thema.

Seite 56

2 a) Gefälschte Nachrichten nennt man Fake News. Sie werden oft im Internet verbreitet. Prüfe Nachrichten daher genau.
b) X Beim Text steht nicht, wer ihn geschrieben hat. X Text und Bilder passen nicht zusammen.
c) X Ich überlege, ob das Berichtete logisch und glaubwürdig ist. X Ich prüfe, ob andere Internetseiten oder Zeitungen das Gleiche berichten.

Seite 57

2 B: Spielabbruch nach Faustschlag in Bremen; A: Zeile 1–3; C: Zeile 4–10

3 + **4**
Was …? Ein Zuschauer (…) schlug einen Torhüter.
Wer …? ein Zuschauer, ein Torhüter, der Schiedsrichter
Wann …? am Wochenende
Wo …? in Bremen
Welche Folgen …? Der Schiedsrichter brach das Spiel ab. Der Torhüter wurde leicht verletzt.

5 X informierender Text

Was möchtest du werden? – Sich mit verschiedenen Materialien informieren

Seite 58

2 A: Verkäuferin, B: Koch, C: Gärtnerin

3 1. Beruf: Koch, 2. Beruf: Verkäuferin, 3. Beruf: Gärtnerin

4 Individuelle Lösung

Seite 59

3 markieren: A Zeilen 4–8, B Zeilen 6–11, C Zeilen 2–3

4 A mit Pflanzen arbeiten, Pflanzen gießen und düngen, Böden bearbeiten und pflegen, Früchte ernten, Pflanzen auspflanzen
B körperlich fit sein, geschickt sein; Schulfächer: Mathematik, Biologie, Werken
C Dauer der Ausbildung: 3 Jahre, Ort der Ausbildung: Gärtnerei und Berufsschule

Seite 60–62

2 A: gelb (Tätigkeiten), B: rot (Anforderungen), C: grün (Ausbildung), D: lila (Vorteile), E: blau (Schwierigkeiten)

4 Zeilen 2–3: grün (Ausbildung), Zeilen 4–7: gelb (Tätigkeiten), Zeilen 8–10: rot (Anforderungen) (rot)

6 Zeilen 9–11: lila (Vorteile), Zeilen 13–15: blau (Schwierigkeiten)

7 richtig: In der Berufsschule sind selbstständiges Lernen und Pünktlichkeit wichtig.

8 Während der Ausbildung ist man zwei Tage in der Berufsschule und drei Tage im Betrieb.
Verkäuferinnen arbeiten manchmal auch am Samstag.

9 Verkäuferinnen räumen neue Waren in Regale ein, bringen Preisschilder an und prüfen die Waren. Sie beraten, verkaufen die Waren und bedienen die Kasse. Verkäuferinnen sollten gerne mit Menschen zusammenarbeiten und höflich sein. Wichtige Schulfächer sind Deutsch und Mathematik.
Die Ausbildung dauert 2 Jahre. Orte der Ausbildung sind das Geschäft und die Berufsschule.
Die Arbeit ist abwechslungsreich. Man kann mit anderen Menschen zusammenarbeiten und mit Kunden sprechen. Auch wenn man müde ist, darf man keine Fehler machen. Wenn Kunden frech werden, ist es schwer höflich zu bleiben.

Seite 63

2 In meinem Text informiere ich über den Beruf Verkäuferin. „Die Arbeit ist abwechslungsreich", sagt die Auszubildende Emilia N. über ihren Job. Das zeigt schon, dass Verkäuferinnen viele unterschiedliche Aufgaben haben. Wenn du gerne mit anderen Menschen zusammenarbeitest und mit Kunden sprichst, ist der Beruf das Richtige für dich.

3 In dem Beruf Verkäuferin machst du Folgendes: …
Für den Beruf Verkäuferin sollte man diese Anforderungen erfüllen: …

Der Beruf Verkäuferin bietet folgende Vorteile: …
Über die Ausbildung sollte man Folgendes wissen: …

Seite 64–65

3 A Zeilen 4–8: gelb, B Zeilen 9–12: rot, C Zeilen 2–3: grün

5 richtig: Das Stehen beim Kochen kann anstrengend sein.

6 Beiköche helfen beim Kochen und Anrichten von Gerichten. Sie schneiden zum Beispiel Fleisch oder putzen Gemüse. Beiköche prüfen auch, ob die Lebensmittel in Ordnung und frisch sind.
Beiköche müssen geschickt sein, gut riechen und schmecken können. Wichtige Schulfächer sind Mathematik und Deutsch.
Die Ausbildung in der Küche und in der Berufsschule dauert 3 Jahre.
Man kann als Beikoch kreativ sein und mit anderen Menschen zusammenarbeiten.
Man arbeitet viel im Stehen. Manchmal ist die Arbeit in der Küche stressig.

Das Herz eines Boxers – ein Theaterstück erschließen

Seite 66

3 X um die Freundschaft zwischen zwei sehr unterschiedlichen Menschen

4 **Individuelle Lösung**

Seite 67–68

2 X Leo wohnt in einem Altenheim. X Leo kann boxen. X Leo will die Tabletten nicht nehmen.

4 unterstreichen: „Ich soll dein Zimmer streichen." (Zeile 7)

5 **Individuelle Lösung**

7 markieren: Zeilen 1–6, 11, 15, 17, 22

8 X Auszug 1 ist ein Monolog.

9 Der alte Mann ist bestimmt nicht mehr ganz richtig im Kopf. Ich finde ihn langweilig, er sagt ja kein Wort. Warum guckt er mich so an? Bestimmt hat er lange keinen Besuch mehr gehabt.

10 Leo ist anders, als du denkst. Bevor du ins Zimmer gekommen bist, hat er seine Tabletten aus dem Fenster geworfen. Außerdem hat er ein paar Mal in die Luft geboxt. Er ist also noch fit und irgendwie geheimnisvoll.

Seite 69–70

2 X Leo will Jojo ärgern, weil Jojo unverschämt zu ihm ist.

3 umkreisen: Strafe, frech, beleidigt, gibt ihm Befehle, hilfloser, klar denken

4 a) in Leos Zimmer im Altenheim
b) Jojo muss im Altenheim arbeiten, weil er eine Strafe bekommen hat. Er soll das Zimmer von Leo streichen.
c) Jojo, Leo
d) Jojo verhält sich frech gegenüber Leo. Wahrscheinlich denkt Jojo, dass Leo ein hilfloser alter Mann ist und nicht mehr klar denken kann. Dann kippt Leo Jojo Farbe über die Füße.
e) X die Beziehung zwischen einem jungen und einem alten Mann

Seite 71–73

2 Jojo kommt am nächsten Tag ins Zimmer und ist nass vom Regen. Leo sitzt im Sessel und sieht nach draußen.

3 Jojo sagt, dass er den Roller gar nicht geklaut hat. Er hat das nur gesagt, um einen anderen Typ zu schützen.

4 „Du hast ja richtig Charakter!"

5 X Leo lobt Jojo, weil er eine Strafe für einen anderen auf sich nimmt.

6 Am ersten Tag hat Leo die ganze Zeit geschwiegen. Am zweiten Tag erzählt Jojo, dass er die Strafe für einen anderen Typ auf sich nimmt. Daraufhin spricht Leo zum ersten Mal. Leo lobt Jojos Charakter.

7 X Jojo und Leo fangen an, sich zu unterhalten.

9 X Jojo und Leo sprechen immer freundschaftlicher miteinander und reden sogar über das Verliebtsein. X Jojo spricht am Ende der Szene respektvoller mit Leo als am Anfang.

Seite 74

3 **Individuelle Lösung**

Seite 75

2 X Dialog

3 X Der Pfleger hat sich über Leo lustig gemacht.

4 X Nachdem Leo die Geschichte mit dem Pfleger erzählt hat, bewundert Jojo Leo. X Jojo war am Anfang genauso respektlos zu Leo wie der Pfleger. Jetzt hat Jojo Respekt vor Leo.

Und sie fragen, warum ...? – Sich mit Songtexten auseinandersetzen

Seite 76

2 A: eine Welt ohne Probleme, B: schlimme Nachrichten, C: Klimawandel

Seite 77–78

1 **Mögliche Lösung:**
grün: Glück, Frieden, Gerechtigkeit, Zufriedenheit, Liebe; rot: Hunger, Lügen, Angst, Traurigkeit, Ungleichheit, Gewalt, Obdachlosigkeit, Tod

3 In dem Song „Das Paradies" von Bosse träumt jemand davon, dass er im Paradies ist.

4 Traurigkeit: „keine Depressionen" (Vers 3), Lügen: „kein Selbstbetrug" (Vers 3), Tod: „Niemand musste dort im Mittelmeer ersaufen" (Vers 4), Obdachlosigkeit: „niemand schlief im Winter auf Asphalt" (Vers 5), Ungleichheit: „Keine Schubladen, alle Chancen waren gleich" (Vers 7)

5 X Zufriedenheit, X genug (Essen) für alle, X Frieden, X saubere Luft, X glückliche, nette Menschen

6 In der ersten Strophe wird deutlich, dass es in dem Paradies viele schlechte Dinge nicht gibt. Zum Beispiel: Traurigkeit, Lügen, Tod, Obdachlosigkeit, Ungleichheit. Stattdessen gibt es in dem Paradies viele gute Dinge. Zum Beispiel: Zufriedenheit, genug (Essen) für alle, Frieden, saubere Luft, glückliche, nette Menschen. Im Refrain wird deutlich, dass es dieses Paradies nur in einem Traum gibt.

7 X 8 Verse

Seite 79

1 Titel des Songs: „Das Paradies"
Textsorte: Song
Name des Künstlers: Bosse
Erscheinungsjahr: 2020

2 In dem Song „Das Paradies" von dem Künstler Bosse aus dem Jahr 2020 geht es darum: Jemand träumt davon, dass er im Paradies ist.

4 In der ersten Strophe wird deutlich, dass es in dem Paradies viele schlechte Dinge nicht gibt. Zum Beispiel: Traurigkeit, Lüge, Ungleichheit. Stattdessen gibt es in dem Paradies viele gute Dinge. Zum Beispiel: Zufriedenheit, Frieden, glückliche Menschen.

Seite 80–81

1 Individuelle Lösung

3 markieren: „Großangriff, unzählige Bomben auf kleine Stadt, / viele Menschen ums Leben gekommen und dem Erdboden gleich gemacht, / in nur einer Nacht" (Verse 9–11)

4 Bei einem (Verkehrs-)Unfall wird eine Katze überfahren. Das Ich bekommt deshalb schlechte Laune.

6 unterstreichen: „Die Sonne lacht so schadenfroh" (Vers 20), „Die Fragen bohr'n so gnadenlos" (Vers 24)

8 X Das Ich hat keine Gefühle, als es von den hungernden Kindern erfährt.

9 **Mögliche Lösung:**
Beim Tod der Katze hat das Ich nicht gleichgültig reagiert, weil es den Unfall selbst gesehen hat und nicht nur in den Nachrichten davon erfahren hat.

Seite 82–83

1 Individuelle Lösung

3 grün (Das Eis an den Polen schmilzt und die Tiere dort sind bedroht): „noch mal Pinguine live" (Vers 3); gelb (Die Temperaturen steigen und es wird wärmer): „Mitte März, 30 Grad" (Vers 6), „es wird warm im Altenheim" (Vers 9); rot (Es gibt mehr Trockenheit): „muss da Land / zwischen Meer und Alpen sein?" (Verse 10–11), „um mich rum, da wuchs der Strand" (Vers 14), „Als der Regen nicht mehr fiel" (Vers 16)

4 Der Song „Warm im Altenheim" handelt davon, wie ein Ich auf den Klimawandel reagiert hat.

5 A – 3, B – 1, C – 2

6 X Die Welt ist völlig kaputt.

7 X Metapher

8 In der ersten Strophe erinnert sich das Ich zurück an die Zeit, als der Klimawandel begonnen hat. Das Ich hat noch schnell einige Reisen unternommen. In der zweiten Strophe beschreibt das Ich, wie es auf der Welt immer wärmer und trockener wurde. Die Welt ging kaputt, aber das Ich fühlte sich wie im Urlaub. Im Refrain wird deutlich, dass der Song in der Zukunft spielt.

„Ich spreche viele Sprachen!" – Über Sprache(n) nachdenken

Seite 84

2 3: Mehrsprachigkeit 3, 2: Jugendsprache, 1: Dialekt

3 + **4** Individuelle Lösungen

Seite 85–86

1 Individuelle Lösung

3 X Mehrsprachigkeit ist ein Nachteil

4 umkreisen: offener für Neues, flexibler, besser etwas merken, neue Sprachen leichter lernen

5 Wenn man einen Dialekt spricht, <u>hat man ähnliche Vorteile wie durch Fremdsprachen</u>.

6 Individuelle Lösung

Seite 87

2 Mögliche Lösung:
a) Ein Fremdwort ist ein Wort, dass aus einer anderen Sprache übernommen wird.
b) Fremdwörter haben den Vorteil, dass man sich genauer ausdrücken kann.
c) Fremdwörter werden als Fachbegriffe benutzt, um etwas genau zu benennen. Fremdwörter werden häufig für neue Dinge verwendet, für die es im Deutschen noch keinen Begriff gibt.

3 Führungskraft: Manager; sehr gut: cool, super, mega; Seite im Internet: Website; Mode: Fashion; Rechner: Computer; schwerer Husten: Bronchitis; Schönheit: Beauty; Person, die in den sozialen Medien viele Menschen erreicht: Influencer

Seite 88

1 A: Ich schreibe am Computer eine <u>E-Mail</u>. B: Ich kann schon viele Fremdwörter <u>korrekt</u> schreiben. C: In manchen Gegenden Deutschlands wird <u>Dialekt</u> gesprochen.

3 durchstreichen: Influenzer, Menetscher, Kompjuta, Fäschen

4 Spaß

Seite 89

1 Mögliche Lösung:
Hallo Cem, durch deine Mehrsprachigkeit hast du den Vorteil, dass du <u>offener für Neues bist</u> / <u>flexibler bist</u> / <u>dir Dinge besser merken kannst</u> / <u>neue Sprachen leichter lernen kannst</u>.

2 Individuelle Lösung

3 A Ich habe ein <u>interessantes</u> Buch gelesen.
B Ich <u>surfe</u> oft im Internet.
C Das war eine große <u>Chance</u>, aber der Ball ging daneben.
D Dieser <u>intelligente</u> Papagei kann sprechen.

4 + **5** Individuelle Lösung

„Guten Tag, ich heiße ...“ – sich um einen Praktikumsplatz bewerben

Seite 90

2 Polizistin, Pfleger, Maler

3 unterstreichen: spannend (Maya, Polizistin), mit Menschen zusammenarbeiten (Finn, Pfleger), kreativ sein und viele Häuser verschönern (David, Maler)

4 + **5** Individuelle Lösungen

Seite 91–92

2 a) Maler(beruf) (Zeile 4)
b) Tagespraktikum (Zeile 8)
c) vom 13. bis 17. April (Zeile 10)
d) 14 Jahre alt, Anne-Frank-Gesamtschule, 8. Klasse (Zeilen 14–15)

3 A Anliegen: Zeilen 3–4, B kurze Vorstellung: Zeilen 13–14, C Dank und Verabschiedung: Zeilen 20–21, D Begrüßung: Zeilen 1–2, E Vereinbarung eines Termins für ein Gespräch: Zeilen 16–19

5 + **6** BERUFSFELD

Seite 93–94

2 A Anrede: Zeile 1, B Grußformel und Name. Zeilen 9–10, C Betreff: Anfrage für ein Praktikum als Maurerin in der Zeit vom 13. bis 15.4., D Absenderin: selma.khodor@xxxxxx.com, E Empfänger: gosemaerker@xxxxxxx.de, F Interessen, bezogen auf den Beruf: Zeilen 6–7,

G Dank: Zeile 8, H Frage nach einem Praktikumsplatz: Zeilen 5–6, kurze Vorstellung: Zeilen 2–3

3 Individuelle Lösung

Seite 95–96

2 X Anna: Zieh besser eine lange Jeans und ein Hemd an. Du solltest einen guten Eindruck im Betrieb hinterlassen.

5 5 Er verabschiedet sich höflich.
3 Er erklärt, warum er sich für diesen Beruf interessierst.
4 Er bedankt sich.
1 Er begrüßt Herrn Novak höflich und angemessen.
2 Er erklärt, warum er da ist.

6 markieren: Warum interessierst du dich für ein Praktikum in unserem Betrieb? (Zeile 5), Was erwartest du denn von dem Praktikum? (Zeile 9), Kannst du gut selbstständig arbeiten und Aufgaben erledigen? (Zeile 11–12)

7 A – 3, B – 1, C – 2

8 Mögliche Lösung:
Warum interessierst du dich für ein Praktikum in unserem Betrieb?
Was erwartest du von dem Praktikum?
Kannst du gut selbstständig arbeiten und Aufgaben erledigen?
Was sind in der Schule deine Stärken?
In diesem Beruf muss man körperlich hart arbeiten. Hast du darüber schon einmal nachgedacht?
Was würde dir daran gefallen, wenn du bei uns ein Praktikum machst?

Seite 97

1 + **2** Individuelle Lösungen

Seite 98–99

1 Von: anna.kunze@xxxxxxx.de
An: kumpe@xxxxxxx.de
Betreff: Anfrage für ein Praktikum
Sehr geehrter Herr Kumpe,
mein Name ist Anna Kunze. Ich bin 14 Jahre alt und besuche die 8. Klasse der Kollwitz-Gesamtschule.
Ich suche einen Praktikumsplatz in einem

Fahrradgeschäft.
Das Praktikum soll zwischen dem 18. und 21. März stattfinden.
Ist es möglich, das Praktikum in Ihrem Betrieb zu machen?
Ich interessiere mich für das Praktikum in Ihrem Fahrradgeschäft, weil ich gerne Rad fahre.
Ich hoffe, dass ich in Ihrem Betrieb das Praktikum machen kann, und freue mich auf Ihre Antwort.
Mit freundlichen Grüßen
Selma Khodor

2 X C

4 A – 3, B – 1, C – 2

Jetzt wird's sportlich – richtig schreiben und Kommas setzen

Seite 100

2 Individuelle Lösung

3 der Fluss, das Los, groß

4 1

5 winken, drucken, die Flocke, der Kranke; die Kerze, die Katze, schmutzig, die Warze

6 2

Seite 101

1 X Die Wörter klingen gleich, werden aber unterschiedlich geschrieben.

2 markieren: A lehren, leeren; B isst, ist

3 A Bote, B Boote, C Wal, D Wahl

Seite 102

1 Winter, Lampe, Welt, Wunder, Katze, Hund, dort

2 markieren: Tennis, Ball, Spielerinnen, müssen, schnell, rennen, Schluss, gewinnt

3 schwimmen, Hummel, kommen, Zimmer, Sommer

4 Ja<u>ck</u>e, tan<u>k</u>en, blin<u>k</u>en, Bli<u>ck</u>, Schran<u>k</u>, E<u>ck</u>e; Si<u>tz</u>, Ne<u>tz</u>, Wur<u>z</u>el, Gren<u>z</u>e, Spi<u>tz</u>e, zwan<u>z</u>ig

Seite 103

2 **einfacher Vokal:** Schule, fegen
verdoppelter Vokal: leer, Idee
Dehnungs-h: wählen, Bahn

3 s<u>e</u>hen, R<u>a</u>sen, T<u>o</u>r, r<u>u</u>ft, d<u>oo</u>f, b<u>ö</u>se, R<u>u</u>he

Seite 104

2 richtig: Nach kurzem betonten Vokal schreibt man ss. Den stimmlosen s-Laut am Wortende schreibt man s, ss oder ß.

3 Fu<u>ß</u>, Wa<u>ss</u>er, be<u>ss</u>er, Stra<u>ß</u>e, verge<u>ss</u>en

4 Fu<u>ß</u>ball, schie<u>ß</u>t, Gla<u>s</u>, Be<u>s</u>en, mu<u>ss</u>, Spa<u>ß</u>

Seite 105

2 + **3**

A Das (Dieses?) Fußballspiel findet in einem Stadion statt, das (welches?) Platz für 10 000 Menschen hat.
B Die Fußballfans hoffen, dass (~~welches?~~) ihr Verein gewinnt.
C Ich freue mich auf das (dieses?) Finale, das (welches?) am nächsten Sonntag stattfindet.
D Die Mannschaft freut sich darüber, dass (~~welches?~~) sie gewonnen hat.

4 A das, B dass, C dass, D das, E Das

Seite 106–107

2 Nomen: <u>Turnhalle</u>, <u>Fahrradhelme</u>, <u>Sportfest</u>, <u>Badestelle</u>;
Satzanfänge: <u>Esst</u>, <u>Setzt</u>, <u>Kommt</u>, <u>Schwimmt</u>

3 1. Esst bitte nicht in der Turnhalle.
2. Setzt eure Fahrradhelme auf.
3. Kommt alle zum großen Sportfest.
4. Schwimmt nur an der Badestelle.

5 <u>Das</u> Beste, <u>viel</u> Spannendes, <u>beim</u> Laufen, <u>beim</u> Werfen, <u>die</u> Schnellsten

6 A Schwimmen
B Betreten
C Gute
D Außergewöhnliches

7 A joggen, Joggen
B essen, Essen

Seite 108

2 **Nomen:** Mittwoch, Nachmittag
Tageszeiten nach Adverbien: heute Morgen
Adverbien: heute, abends

3 A sonntags
B morgen Nachmittag
C mittwochs
D Abend

Seite 109

2 + **3** + **4**

Hindernisse überwinden
<u>Schleife</u>, <u>Vulkan</u>, <u>Welle</u>, Brücke sind Bezeichnungen für Hindernisse beim Minigolf. <u>In jedem größeren Ort</u>, in <u>Parks und in vielen Sportanlagen</u> gibt es Minigolfplätze. Viele Menschen haben hier schon einmal <u>Golfschläger</u>, Bälle sowie <u>Punktekarten</u> ausgeliehen.

5 A In Parks, in Freibädern oder auf Spielplätzen kann man Discgolf spielen.
B Beim Discgolf kommt es auf Ruhe, Konzentration, Erfahrung und Taktik an.

Seite 110

1 + **2** + **3**

A Das Sportgerät unterscheidet sich von einer Tischtennisplatte, denn die Platte ist gebogen.
B Eine Tischtennisplatte ist 2,70 Meter lang und 1,50 Meter breit, aber dieses Sportgerät ist größer.
C Das Spiel ist ungewöhnlich, denn manchmal nutzen die Spieler sogar ihren Kopf.

4 + **5** + **6**

A Viele Menschen kennen das Murmelspiel nur als Kinderspiel, obwohl es auch ein richtiger Sport ist.

B Die Spieler trainieren hart, bevor sie sich zum Wettkampf treffen.
C Sie spielen nach festen Regeln, damit es fair zugeht.

Seite 111

1 Lücke, hinken, Marke, bücken; kratzen, tanzen, blitzen, salzig

2 müssen, Straße, Gras, nass, fließen

3 + **4**

A Das Aufregendste war der Ausflug in den Kletterwald.
B Am Anfang hatte ich etwas Angst vor dem Klettern.

5 A Tamburello ist ein italienisches Spiel, es wird gern in Norditalien gespielt und es hat ähnliche Regeln wie Tennis.
B Tamburello kann man in Hallen, an Stränden, auf Rasen oder Sportplätzen spielen.

Tolle Zaubertricks – Wortarten

Seite 112

2 **Nomen:** Klasse
Artikel: eine
Verb: wollen
Adjektiv: spannende
Personalpronomen: Wir
Possessivpronomen: unsere

3 **Mögliche Lösung:**
Nomen: Zauber-AG, Zaubertricks, Materialien, Tricks, Ende, Schuljahres, Abend, Schule
Artikel: der, die, das, des, einen
Verb: gründen, haben ... vor, sammeln, kaufen, brauchen, üben, beherrschen, planen, werden ... vorführen
Adjektiv: magischen
Personalpronomen: wir, sie
Possessivpronomen: unserer

4 wir, einem, blauen, verkaufen, Abend, dein

Seite 113–114

2 **Präsens:** zeigt, holt, gibt, nimmt, sagt, ist, sitzt
Präteritum: besuchte, lernte, fand, nahm, sagte, hatte, konnte

3 A übt, B hält, C hatten, D zeigte

5 **Plusquamperfekt:** hatte ... besucht, gelernt hatte
Perfekt: bin ... gegangen, habe ... mitgebracht, haben ... gesucht, hat ... gefunden
Futur: wird ... geben, werden ... erfinden, werde ... sein

6 A bin ... gegangen, B habe ... entdeckt, C hat ... gestanden

Seite 115–116

2 + **3**

Aktiv (rot), Passiv (grün)
A Mit den Karten werden Tricks geübt.
B Elif trägt einen Zauberhut.
C Der Zauberhut wird umgedreht.
D Aus dem Zauberhut springt ein Kaninchen.
E Die Zuschauer werden zum Staunen gebracht.
F Diesen Trick zeigen wir gerne noch einmal.

4 + **5**

A Vom Zauberer werden tolle Tricks gezeigt.
B Von Elif wird ein Zauberspruch gesagt.

6 A Der Zauberer zeigt tolle Tricks.
B Elif sagt einen Zauberspruch.

7 A werden ... geübt, B wird ... geworfen, C wird ... zerstört, D werden ... ermahnt

8 gemacht, gezaubert, gelernt, gezeichnet

9 A Eine Ankündigung wird gemacht.
B Heute wird in der Schule gezaubert.
C Ein Zauberspruch wird von Elif auswendig gelernt.
D Zwei Kreise werden vom Zauberer auf das Papier gezeichnet.

Seite 117

1 + **2**

Personalpronomen (gelb), Possessivpronomen (grün)

Kirill ist unser neuer Zauberlehrer. Er zeigt uns heute einen Zaubertrick mit einem Löffel. Kirill legt den Löffel auf seine Nasenspitze. Dann nimmt er die Hand weg und der Löffel hängt an der Nase. Der Löffel hält besser, wenn Kirill ihn anhaucht.

4 A Für diesen Trick wird ein Kaffeelöffel, der aus Metall sein sollte, benötigt.
B Die Zauberlehrerin, die den Trick vorführt, legt einer Schülerin den Löffel auf die Nase.
C Das Publikum, das von dem Trick begeistert ist, klatscht laut.

Seite 118

1 unterstreichen: weil, denn, und

2 A und, B aber, C denn

3 markieren: A In, B Auf, C Bei, aus

4 **Adverb der Zeit:** donnerstags, kurz
Adverb des Ortes: rechts, hinunter

Seite 119

1 + **2**

Aktiv (rot), Passiv (grün)
A Merhat wird von Felix verzaubert.
B Selina zeigt ihre Kartentricks.
C Felix übt Zaubersprüche.
D Der Zauberball wird vom Clown geworfen.

3 Die Zauberkarten werden auf den Tisch gelegt.

4 + **5**

Personalpronomen (gelb), Possessivpronomen (grün), Relativpronomen (rot)
A Sebastian wirft einen Zauberball, der leuchtet.
B Lukas zeigt dem Publikum seinen Trick.
C Lukas jongliert mit vier Bällen. Er wird vom Publikum gefeiert.

6 **Konjunktionen:** und
Präpositionen: in, zum
Adverbien: heutzutage, dort, oft

Superfoods – Nebensätze und Satzglieder

Seite 120

2 Regionale Superfoods sind gesund und gut für die Umwelt, da sie in der Nähe angebaut werden. Man kann diese Lebensmittel auf einem Wochenmarkt kaufen, wenn man sich gesund ernähren will. Regionale Superfoods sind eine gute Wahl, weil man damit Bauernhöfe in der Nähe unterstützt.

3 a) X Satzgefüge
b) X am Ende
c) X Konjunktionen

Seite 121

2 a) + c) Eine Avocado ist eine Frucht, die viele Vitamine enthält. Fette und Mineralien sind weitere Nährstoffe, die in der Avocado enthalten sind. In Avocados ist auch ein Stoff, der gut für die Augen ist. Allerdings verbraucht der Anbau von Avocados pro Kilogramm, das man essen kann, ungefähr 1000 Liter Wasser.
b) X Relativpronomen

3 A das, B der, C die

Seite 122

1 A Die Klasse 8a möchte, dass es mehr gesundes Essen in der Mensa gibt.
B Frau Müller sieht, dass sich ihre Klasse sehr engagiert.
C Wir finden es gut, dass jetzt mehr gesundes Essen angeboten wird.
D Nur manche befürchten, dass sie ihr Lieblingsgericht nicht mehr bekommen.

2 A Der Lehrer lobt, dass die Klasse 8a gesundes Essen will.
B Alle freuen sich, dass es gesundes Mensaessen gibt.
C Die Schüler sagen, dass das Projekt spannend ist.

Seite 123–124

1 a) Das frische Gemüse schneidet die Köchin.

b) Das frische Gemüse / schneidet / die Köchin

c) Das frische Gemüse – Wen oder was ...? (Akkusativobjekt); schneidet – Was tut ...? (Prädikat); die Köchin – Wer oder was ...? (Subjekt)

2 Gesundes Mensaessen (Akkusativobjekt)
mögen (Prädikat)
die Schülerinnen und Schüler (Subjekt)

3 B Akkusativobjekt
C Dativobjekt
D Akkusativobjekt
E Dativobjekt

4 A einen Apfel
B seinem Vater
C der Köchin
D ein Müsli

5 Akkusativobjekt: A, D
Dativobjekt: B, C

Seite 125

1 A – Wo?, B – Wann?, C – Wie?,
D – Warum?

2 A gern
B am Sonntagabend
C wegen der vielen tollen Rezepten
D auf dem Sofa

3 **Zeit:** B, **Ort:** D, **Art und Weise:** A,
Grund: C

Seite 126

1 + **2**

A Vitamine und Fette gehören zu den Nährstoffen der Avocado.

B Aber Avocados werden in fernen Ländern angebaut.

C Für die Umwelt ist Gemüse aus dem eigenen Garten besser.

3 Die Gartenarbeit macht außerdem viel Spaß.

Seite 127

1 + **2**

Bei meiner Ernährung achte ich auf Lebensmittel, die nachhaltig sind. Mein Müsli esse ich mit Hafer, der vom Bio-Bauernhof stammt. Ich bereite das Müsli nach einem Rezept zu, das ich im Internet gefunden habe. Zum Frühstück trinke ich Milch, die in einer Pfandflasche verkauft wird.

3 A Es freut Cem sehr, dass Lisa die Suppe schmeckt.
B Fachleute empfehlen, dass wir täglich Gemüse essen.

4 **Mögliche Lösung:**
Gleich servieren die Kellner des Restaurants das Essen.

5 Subjekt: die Kellner des Restaurants
Prädikat: servieren
adverbiale Bestimmung: gleich
Objekt: das Essen

6 Wann wird das Essen serviert?

7 X Akkusativobjekt

8 Die Kellner des Restaurants servieren gleich das Essen.